改訂新版

個人投資家のための「小型株」で賢く儲ける方法

小山 哲
Satoshi Koyama

すばる舎

小型株投資なら大儲けできる！——まえがきに代えて

個人投資家にとって株式投資で一番魅力があるのは、値動きの速い小型の銘柄（小型株）である。東証マザーズやジャスダックを主体とするものだ。これらには仕手系の銘柄も含まれるが、現物で買っても、信用で売買しても、すぐに結果が出る。

この魅力は、個人投資家にとってはたまらない。なにしろ上手く狙い通りにいけば、買ったあとでストップ高の連続がやってきたりするので、ついついはまってしまう。

とはいえ、小型株投資は、よくよく吟味したうえで手掛けないと、予期せぬ変化があり、儲けの確率が減るどころか、大きな損失を抱えてしまうことにもなりかねない。

「大きく儲かる」ということは、それだけリスクも大きいのだ。つまり「小型株投資は安易に手掛けられるものではない」と言えるだろう。

ただし、上手く売買できれば、１年で元手資金を10倍にすることも夢ではない！

もはや、スマートフォンでの取引が当たり前の時代になり、自宅やオフィス、さらには移動中でも簡単、且つ頻繁に売買が可能だ。手数料も極めて割安になっている。手数料のハンディが小さくなった分、利益確定のチャンスが増えているわけだが……その反面で売買を頻繁に繰り返すので、見込み違いの売買が多くなっている実情も否めない。

突然出た人気の銘柄に飛び乗り、頻繁に売買を繰り返すようでは、儲かるどころか、仕手筋などの〝恰好の餌食〟になるだけである。「これはいい！」と思って買った瞬間に下がり始め、こらえきれずに損切りする個人投資家が多い――これでは最悪だ。

とくに、小型株は急騰・急落を繰り返すので、的確な投資スタンスやスキルを持ち得ていないと満足いくような収益は得られない。

株の売買は毎日行っても、利益が積み重なっていかないと意味がない。楽しくもない。損をする人の多くは、相場の基本をきちんと熟知していない。

株価は、以下に挙げる要素で将来の動きがわかる。

◎トレンドライン

◎出来高の推移

◎材料の中身（業績や好材料など）

◎株価と移動平均線との関係

ところが実際は、「銘柄はなにが良いか」「どこまで上がるのか」などといった風評や情報、あるいは他人の意見ばかりが気になってしまう。主体的な投資行動がなされていないのだ。

これではなみいるセミプロやプロの投資家、外国人投資家などの投資テクニックに勝てるはずもない。負けることが明白な「無謀な投資だ」と言わざるを得ないだろう。

「株式投資では、損と得が同居する」――ある意味では〝ゼロサムゲーム〟である。

もちろん、相場全体が右肩上がりであれば、得する人のほうが多くなる。だが、株価は一本調子に上がるときばかりではない。必ず調整局面がある。テーマもコロコロ変わる。全体相場に関係なく、いつでも利幅を取れるのが小型株の特徴だ。

どれだけの成果を得られるかは、あなた自身の常日頃の勉強次第である。

本書は、初心者の個人投資家でも、プロの投資家に負けない解説を試みた。

株式投資では儲けるだけではなく、損をしないことも重要である。ときには潔い損切りも必要だ。そのための知識やテクニックを本書から学び、投資を楽しんでいただきたい。

2021年2月吉日

小山　哲

プロローグ

小型株は、なぜ魅力的なのか?

1章

小型株は、なぜ儲かるのか？

2章

小型株投資で勝率を高める12の基本

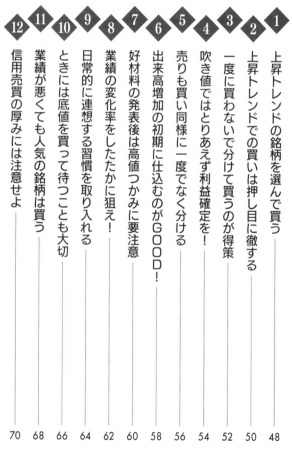

3章

小型株を手がける時の注意点はコレだ！

4章

小型株に多い仕手系の銘柄の見分け方

5章

仕手筋の内情を知っておこう！

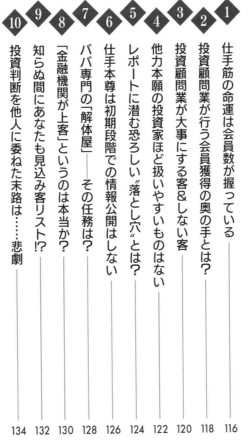

6章

小型の新規公開株を狙え！

7章

チャートで検証！ 小型株の「買い」シグナル

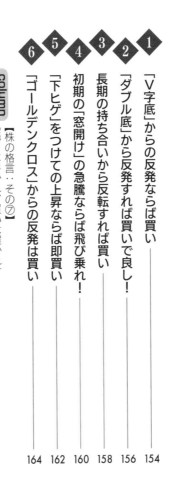

8章

チャートで検証！ 小型株の「売り」シグナル

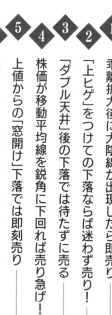

9章

小型株をさらに上手く売買するために

エピローグ

500万円を100億円にした小型株作戦

~小型株専門で大儲けした個人投資家Aさんの投資スタンスに学ぶ~

※本書は、2014年2月に刊行された書籍を改訂したものです
※本文中に掲載している銘柄は、取引を推奨するものではありません。株の売買や銘柄選び等は、必ず自己責任で行ってください

プロローグ

小型株は、
なぜ魅力的なのか？

◆短期勝負できる「スピード感」がある

株式投資で人気があるのは、デイトレードや1週間程度の短期の売買だ。

小型株でも大型株でも、市場を心から信用できない投資家の間で短期投資が盛んである。

なぜ、このように株式投資の売買回転が速くなったのか。

ひとえにインターネットでの取引が可能になったことが挙げられるだろう。取引における手間暇が格段に減り、且つ手数料も安くなり、小幅の値動きでも利益確定が可能になった。

結果、1つの銘柄が株価を上げる期間が短くなり、「利益確定のチャンスがきたら、確実にモノにしなければ儲けられない」という考え方が増えてきたことによる。

市場が不安定なときには「利益確定は早く」という投資スタンスでなければ、「含み損」の銘柄が残ってしまう。ゆえに、利益確定優先の投資戦略では、株価の変動は小幅ではなく、できるだけ変動幅が大きいことが条件となる。そのターゲットになる銘柄は、なんといっても発行株数が少ない小型株なのだ。

とくに、ジャスダックや東証マザーズ・地方銘柄などは、売買出来高はさほど多くないが、少しの買いの増加でストップ高をつけるという値動きの激しさがあり、そこにチャンスもある。このような銘柄では「飛び乗り・飛び降り」が可能で、利益が出た段階で素早く利益確定することになる。

◆仕手株になりやすい「要素」がふんだんにある

値動きが激しい仕手株は、小型の銘柄が選ばれやすい。

短期に急騰するような銘柄は、おおむね「仕手株の可能性が高い」と言えるだろう。

仕手本尊は、ひそかに株の仕込みをするわけだが、「仕手介入」が表面化した頃には、事前に仕込んだ仕手筋の利益確定が始まる。ただ、仕上げの局面では、仕手筋は「仕上げの買い上がり」を演出しなければならないので、売りながらも、なお且つ買い上がる手法を採る。

そこに情報を入手した個人投資家の「提灯買い」が集まり、株価は意外高に……。

なかには、意外高にならないケースも。それが株式の〝怖さ〟でもあり、チャンスでもある。

すべてが成功すれば、苦労はない――。

仕手筋でも株価を完全に操作することは不可能だ。そのときの相場の状況で不確定要素がたくさん出てくる。個人投資家としては「成功の確率をいかに高めるか」が勝敗のカギとなるだろう。そこで、たゆまぬ情報の入手が必要になってくる。「危ない！」と感じたら「早めに仕込んで、早めに逃げる」という投資スタンスが肝要だ。

ここにデイトレードや短期売買の「旨味がある」と言えるかもしれない。「もっと高値がある」といった根拠のない考え方では、資金効率が悪くなる。当然、それだけ利益確定のチャンスも激減する。早めの利益確定を貫く姿勢が大切なのだ。

◆材料の強弱対立で「値動き」が激しい

株価が意外高になるのは「こんな銘柄は上がらないだろう」「いや業績が良い、材料がある」というような投資感の対立があるときだ。

そんなときには、売り・買いのせめぎ合いが出てくる。

結果、出来高が急増し、ときにストップ高になる。バランスが崩れればストップ安もある。とにかく相場が荒い。だが、そこにチャンスもあるのだ。

とくに、信用取引が絡むと、株価の動きはさらに増幅する。「貸借銘柄」には、売りと買いの対立がある。株価高騰場面では「売りの買い戻し」があるために、意外高の相場になりやすい。「信用に厚みがある」「倍率が良い」という意味で、売りと買いの株数が同じようになるか、売りが多くなってくると、買い方の売りに対する「踏み上げ」の戦いがあり、株価はいきなり急騰する可能性がある。その動きの急激さに利益を得るチャンスがあるのだ。

◆小型の銘柄には「チャート破り」の動きがある

チャートは株価の動きから将来を予測するうえで、重要な〝情報源〟であるのは事実だ。しかし、小型の銘柄では「チャート破り」と言うべき動きがいくらでもある。ゆえに、チャート万能主義では戦えないので売買作戦には細心の注意を払わなければならない。

それがまた、魅力でもあるのだが……。

小型株は少し売買のバランスが崩れるだけで、株価は急騰・急落する。つまり意図的な商いが可能になるので、経験則はあまり活用できなくなる。

ある材料や意図的な売買があれば、いきなり動く。その点では、ウソがつけない「出来高」の動きに注目し、したたかに機会を狙うのが良いだろう。こうすれば儲けの確率が飛躍的に上がる。出来高が増えて株価が上がり出せば、明らかに人気化して売買参加者も増え、売りよりも買いのほうが多くなる。相場の強弱感と資金力との戦いになるわけだ。

小型株では、ある日いきなりストップ高になることがある。それが連続することも。上手く便乗できれば、そのハプニングの恩恵にあずかれる。

単に「高値だけを追う」といったポリシーなき投資スタンスでは成功はない。チャートでは徐々に株価が上がる傾向にあっても、その傾向上に将来の株価が存在するか否かは別問題である。

小型の銘柄はいかなる株価の位置にあっても、いきなり予想だにしない株価になるケースも多々あるので、固定的な判断はしないほうが賢明だ。

◆業績変化株は必ず「人気化」する

小型株は大型株に比べ、株価の将来を予見しにくい側面がある。

とはいえ、業績上方変化のある銘柄は、誰が見ても株価が上向きになってもおかしくはないわけで、そのような銘柄は「上がる気配」をじっくり見張っていれば良い。

こうすれば、突然の変化があっても、確たる情報がなくても、自分で株価の動きをイチ早くつかめ、「順番が回ってきたな」ということがわかる。上がる確率の高い銘柄をどれだけ見張っているかで「株式投資の勝敗が決する」と言っても過言ではない。日頃の努力が実るのだ。

業績変化株は、時期は決まっていなくても、人気化が約束されたようなもので、それを待ちかまえるような投資方法は成功確率が高くなる。大した材料がないにもかかわらず、思惑だけで動く銘柄は「必ず上がる」という確信が持てないので狙わないほうが良い。仕手筋のたしかな情報でもあれば話は別だが、できれば手をつけないほうが無難だ。

「株式投資は〝確率〟の勝負」――。確率が低い銘柄は投資対象にすべきではない。

◆新興市場の銘柄は「動き出す」と速い

小型の銘柄のなかでも、新興市場(東証マザーズやジャスダック)の銘柄は、時価総額が小さく、発行株数が少ないので動き出すと速い。ストップ高はいつでもするし、連続のストップ高もある。このような銘柄には、個人投資家だけではなく、機関投資家や外資系・証券ディラーも参加してくることが多い。

もちろん、出来高に厚みを持たせたあとでの出動にはなるが、彼らのアルゴリズム売買によるスピードは個人投資家のデイトレードにも勝る速さなので、油断はできない。

「前場で買って、後場に売ってくるのは日常茶飯事である」と心得ておくべきだ。

株価が急上昇したあとで買いに入っても、そこが株価の天井になることも多いので、ババをつかまないようにしなければならない。

そのようなリスクを承知のうえで手掛けるならば、新興市場の銘柄が良い。

この銘柄の良いところは、東証一部のようにアメリカの株価の動きに左右されて、株価が変動することが少ない点だ。

東証一部の銘柄がいかに下がっても、新興市場の銘柄などは〝十連騰〟もあり得る。市場全体の動きにまったく影響されないわけではないが、個別性による変動のほうが確率が高い。その点では、純然たる個別銘柄の事情で株価が変動するので株式投資の戦略が立てやすい。

新興市場の銘柄は、ハマるとおいしい成果が得られる。ゆえに、このポスト専門（新興市場の株）で投資を行う人が数多くいるのも頷ける。

1章

小型株は、なぜ儲かるのか？

1 小型株はいつでも動いている

小型株とは、発行株数が6000万株未満の銘柄を指す。東証一部にもあるが、主な対象は東証二部や東証マザーズのほか、ジャスダックの銘柄である。

これらの銘柄の動きの特徴は、「TOPIX（総合指数）」「日経平均株価」とあまり連動しないで、銘柄特有のファンダメンタルズや材料で上下することだ。

中・大型の銘柄は、銀行や年金資金・機関投資家・外国人などの持ち株が多いので、各国の金融政策や景気動向、あるいはニューヨーク市場の動きに大きな影響を受ける。小型の銘柄もまったく受けないわけではないが、比較的独自の動きをする傾向が強い。

その証拠に、リーマンショックで日経平均が最安値を更新していたときにも「小型株指数」は上昇していた。平均株価が下落一辺倒では株式投資のチャンスも少ないが、それでも上がる株が比較的多いのが「小型株市場」である。個人投資家でも大きなチャンスがあるのだ。

大型株は動き出すとそれなりにダイナミックだが、動きが止まると〝梃子〟でも動かない。これでは資金は塩づけになってしまう。「個人投資家向きの株価の動きだ」とは言えない。

仕掛けるタイミングは、小型株ほど多く、それだけチャンスも増えることになる。

小型株が活躍する市場はどこか?

◆ 小型株はどこにでもある！

2022年には、
東証市場が
・プライム
・スタンダード
・グロース
に再編される見込み。
気を配っておこう!

◎東証1部
◎東証2部
◎名証1部
◎名証2部
◎ジャスダック（JASDAQ）
◎東証マザーズ
◎名証セントレックス　など

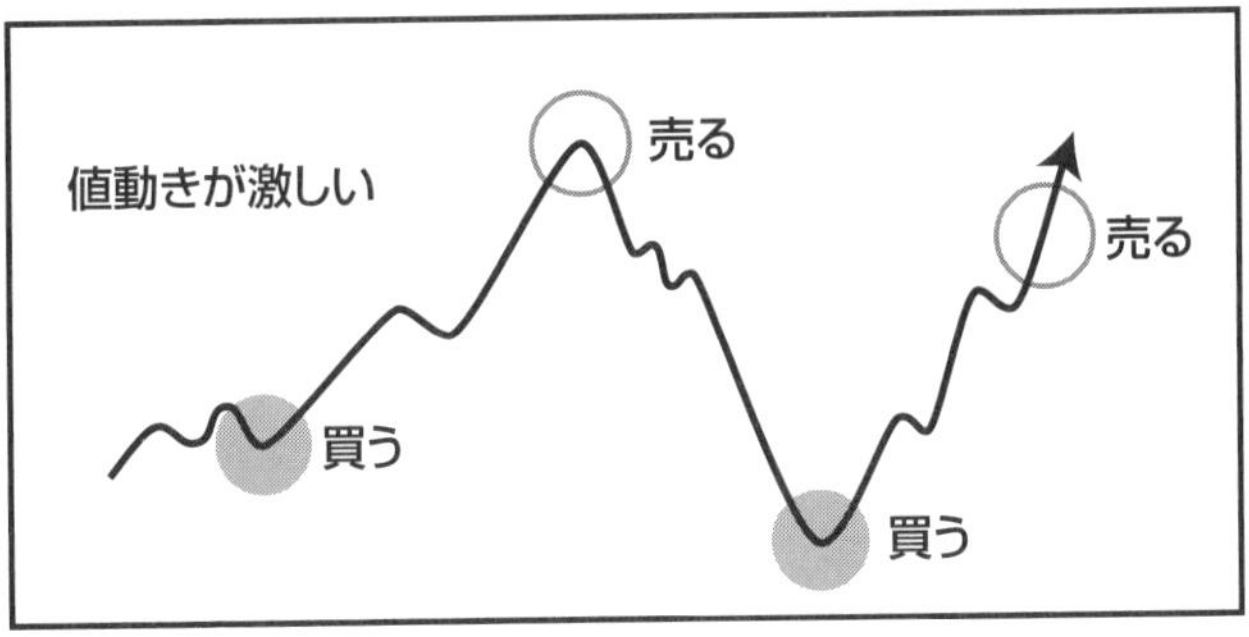

Look

値動きの大きさに多くのチャンスがある。
外国人投資家にも人気があるのが小型株だ！

2 出来高に敏感に反応する

株価が上っていくためには、売買出来高の増加が重要な要素になる。小型の銘柄の値動きが激しいときには「必ず」と言っていいほど出来高の増加が見られる。出来高を伴わないで上げる〝不気味な〟銘柄もないわけではないが、これはレアケースである。

「少しの出来高の増減で、株価が大きく変動する」――これも小型株の魅力だ。

出来高の増加には、業績や特別な材料、仕手筋の動きなどが関連しているが、「相場は相場に聞け」といった教訓があるように、人気化は即出来高の増加に連動する。

そこで、いくつかの注目銘柄の出来高に注視しておくことで株価の先を読むことが可能だ。

出来高が増えて株価が下がる銘柄もあるが、これまで目立った出来高がなかったにもかかわらず、急激に出来高が増えてきた銘柄は、人気化の重要な要素なので、早い段階に手掛けるのが小型株で儲けるコツである。

その銘柄の相場が明らかになってから買うのでは遅すぎる。市況などの「主な値上がり銘柄リスト」に入ってくる前に素早く仕込むことが肝要だ。

出来高の増減は、株価にとってウソがつけない動きなのである。

出来高に素早く反応するのが特徴

◆ 小型株は売買出来高に敏感だ！

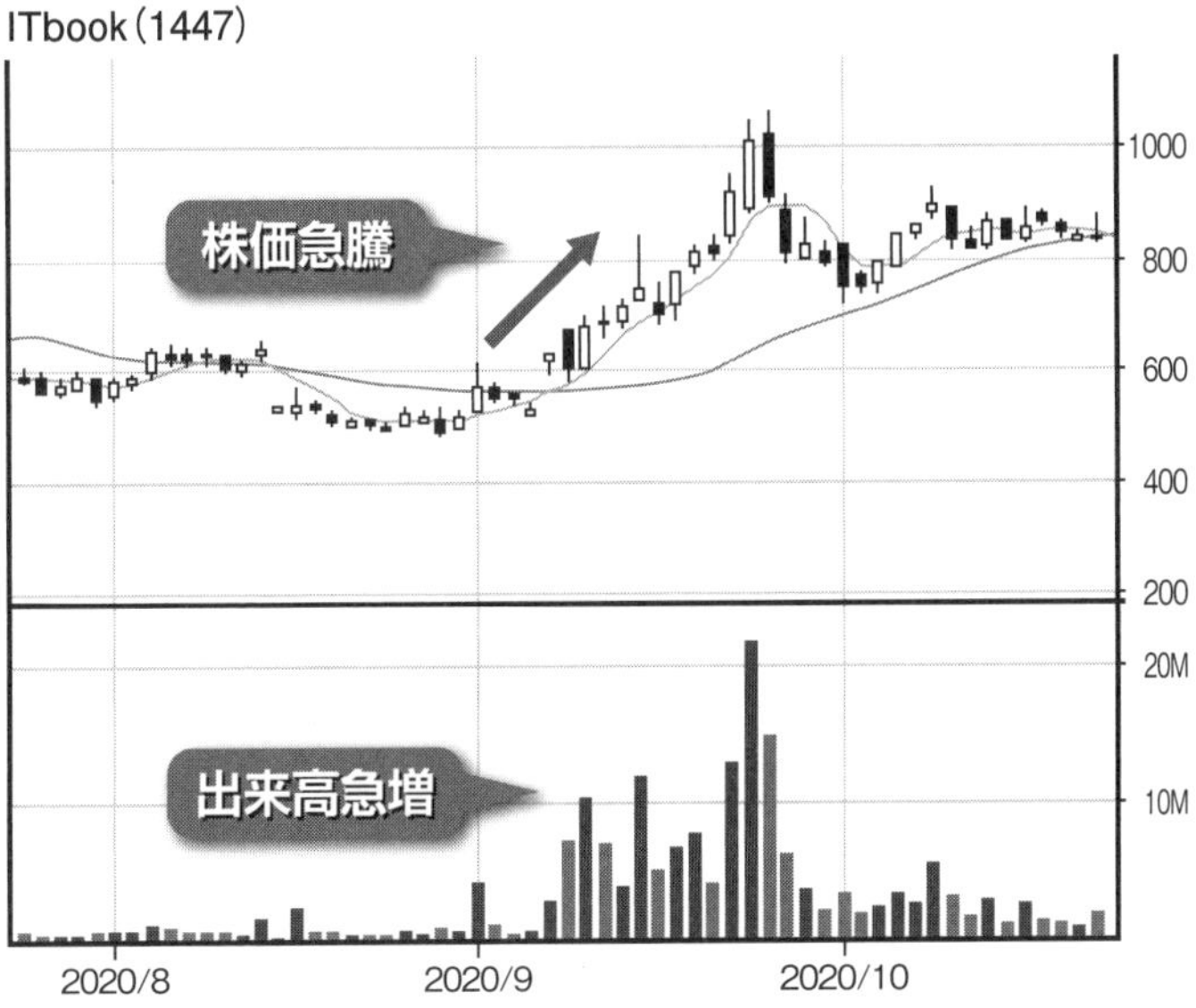

Look

発行株数の少ない小型株は、売買出来高の増減に敏感に反応するので非常に魅力的だ！

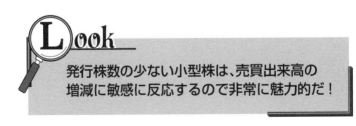

3 動き出すと値幅が大きい

一般的に、大型の銘柄の値動きは緩慢なのが特徴だ。売り買いされている「浮動株」が相対的に多いので、少しばかりの買い程度では、大きな価格変動には結びつかないからである。

一方、小型の銘柄は「成り行き」で自分が2000～3000株を注文するだけで、株価が飛んでしまうこともある。それまで数千株単位の出来高が、万単位・何十万単位になってくると株価は急騰する。ときにはストップ高の連続となり、値がつかないことも……。

このような銘柄の動きを早い段階で確実にキャッチできれば、それこそ大儲けできる。

もちろん、株価の上げが短命なときもある。上値は誰も予測できない。だから仕込みは、出来高の増加が始まりそうな初期段階で行わなければならない。株価が何倍にもなってからでは明らかに遅い。あくまでも、初期段階で買うのが鉄則だ。情報媒体で人気化が明らかになってきたときは、むしろ、絶好の売り時を探すタイミングなのである。

にもかかわらず、その段階で買ってしまう人がじつに多い。上値はわずかしかなく、ほとんどは急落の場面に遭遇して泣いている――明らかに完全な〝失敗〟だ。

初期段階でキャッチできれば大儲け！

◆ 小型株は売買の株数が少なくても動く！

ホープ(6195)

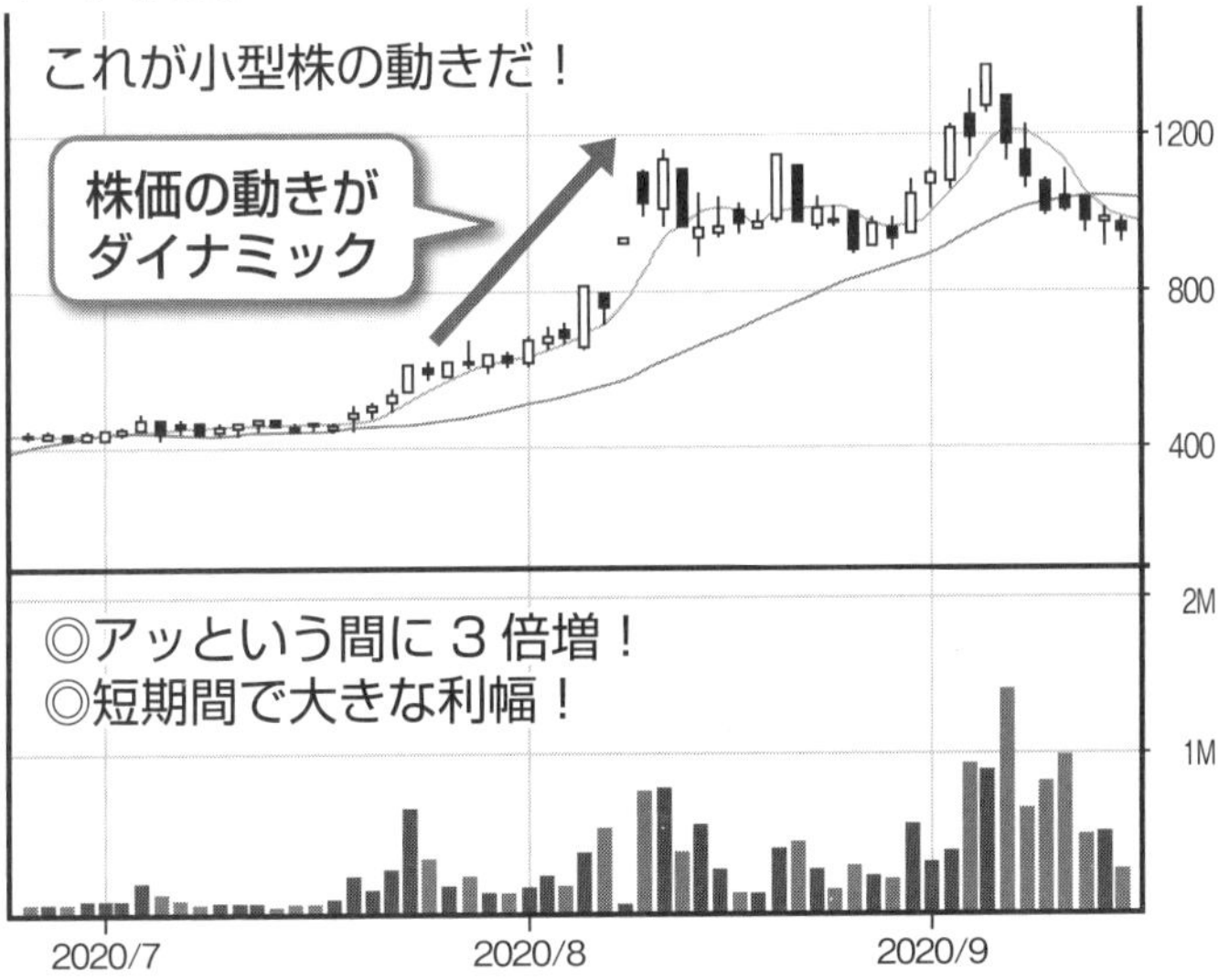

Look

小型株は市場の動きに必ずしも連動せず、
大きく動くケースが多い！

4 小型株は株価の頭を抑える要因が少ない

株価上昇の頭を抑える要素には、最近は少なくなったが「ヘッジファンドの決算売り」や「銀行の持ち合い解消売り」などが挙げられる。これらの対象となる銘柄は、中型のハイテク関連や大型の銘柄で大半が占められている。

株価が上がってもすぐに調整を余儀なくされるのは、これらの要素が株価の頭を抑えるからである。そのために、大型株は上がっても一気にはいかないし、頭を抑えられるので高値を追うには強力な思いが必要になる。

一方、小型の銘柄は、若干の売り要因があっても大したことはない。

売り圧迫は、機関投資家や外国人、個人投資家の本来の需給関係によるものである。

この関係は株価形成にとってはわかりやすい。人気が出てくれば、買いが買いを呼んで株価が吹き上がる〝棒上げ〟の状態になる。小口の資金で大きな儲けを狙う個人投資家にとっては、「こたえられないほど魅力ある値動きだ」と言えるだろう。

もちろん、値動きが激しいと、それだけリスクも大きくなる。だが、それは十分な情報の監視で乗り越えることは可能なのだ。

株価の頭を抑える売りが少ない

◆ 売り要因はたくさんある！

◎ヘッジファンドの決算売り
◎外国人売り
◎銀行の持ち合い解消売り　など

対象は東証一部の大型株が
大半である

小型株への影響が少ない

Look

株式市場では、銀行などの処分売りが株価の
頭を抑えるが、小型株には大して影響はない！

5 外国人が好きな「マザーズ」はおもしろい！

ニューヨーク市場では、アメリカの新興企業であるナスダック市場が、ＩＴ関連などの成長産業の宝庫である。東証マザーズも〝ある意味〟ではこれからの成長産業が多く、新興企業の市場ではあるが、外国人には人気があり、急騰のウラに「外国人買い」があることが多い。

もちろん、証券ディーラーや機関投資家なども手掛けるが、外国人の資金は大きいし、ニューヨーク市場が上がってくると資金の余力が増えるので売買が活発になってくる。

最近では、日本社会のＤＸ（デジタルトランスフォーメーション）に不可欠なサイバーセキュリティやＡＩ、クラウドサービス、環境、半導体に関連する企業に、急騰銘柄が多い。

それにバイオベンチャー関連銘柄がときどき動く。当たり前だが、材料含みの企業は人気があり、株価も上がる。じつにわかりやすい動きになる。

外国人は自身が好む銘柄には入念な企業調査をしてくるので、ある意味ではわかりやすい。業績の伸びや将来性に関して敏感に反応してくる。わけのわからない材料で上げるよりは上値も高く、安心して買える。ただ、外資系証券が「株価目標」を喧伝してきたときは「相場の終わり」に近いので、売り逃げる準備に入らなければならない。外国人の逃げ足は速いからだ。

初期段階でキャッチできれば大儲け！

◆ 外国人はなぜ小型株を買うのか？

◎成長企業がある
◎大きく買われていない
◎動かしやすい材料がある
◎業績の変化率が良い

↓

差益が取りやすい

↓

これはそのまま小型株の
魅力になる!

Look

企業調査に熱心な外国人投資家が注目するからには、「明確な裏づけがある」と思って良し!

6 全体相場が下降時でも上がる銘柄が多い

小型株は大きな資金を必要としないので、市場に大量の資金が流れ込まないときでも、株価が上がる傾向がある。日経平均が下落し、調整を余儀なくされているときでも、「小型株指数」が上がることが多々ある。これが「小型株は売買チャンスが多い！」と言われる理由でもあり、中・大型株にはない魅力だ。

全体相場が低迷しているときはダメで、上がっているときには儲かる――。

これは誰でもできる。いつの時点でも、株価が動く限りは、儲けのチャンスを手にできるのが株式投資の本当の魅力である。その点、小型株は動かしやすいので、仕手筋や証券会社の商いづくりのために活用されて動く。この値動きのチャンスをモノにしない手はない。

小型株の上げ下げは意外と〝リズム〟があるので、日足のチャート集などを活用してタイミングをはかるのが良いだろう。

① 買いは「押し目」に徹する

② 上がったら「早め」に売り逃げる

この方法を繰り返せば、成果は必ず良くなる。

小型株は全体の下げに左右されにくい

◆ 平均株価に連動しない小型株！

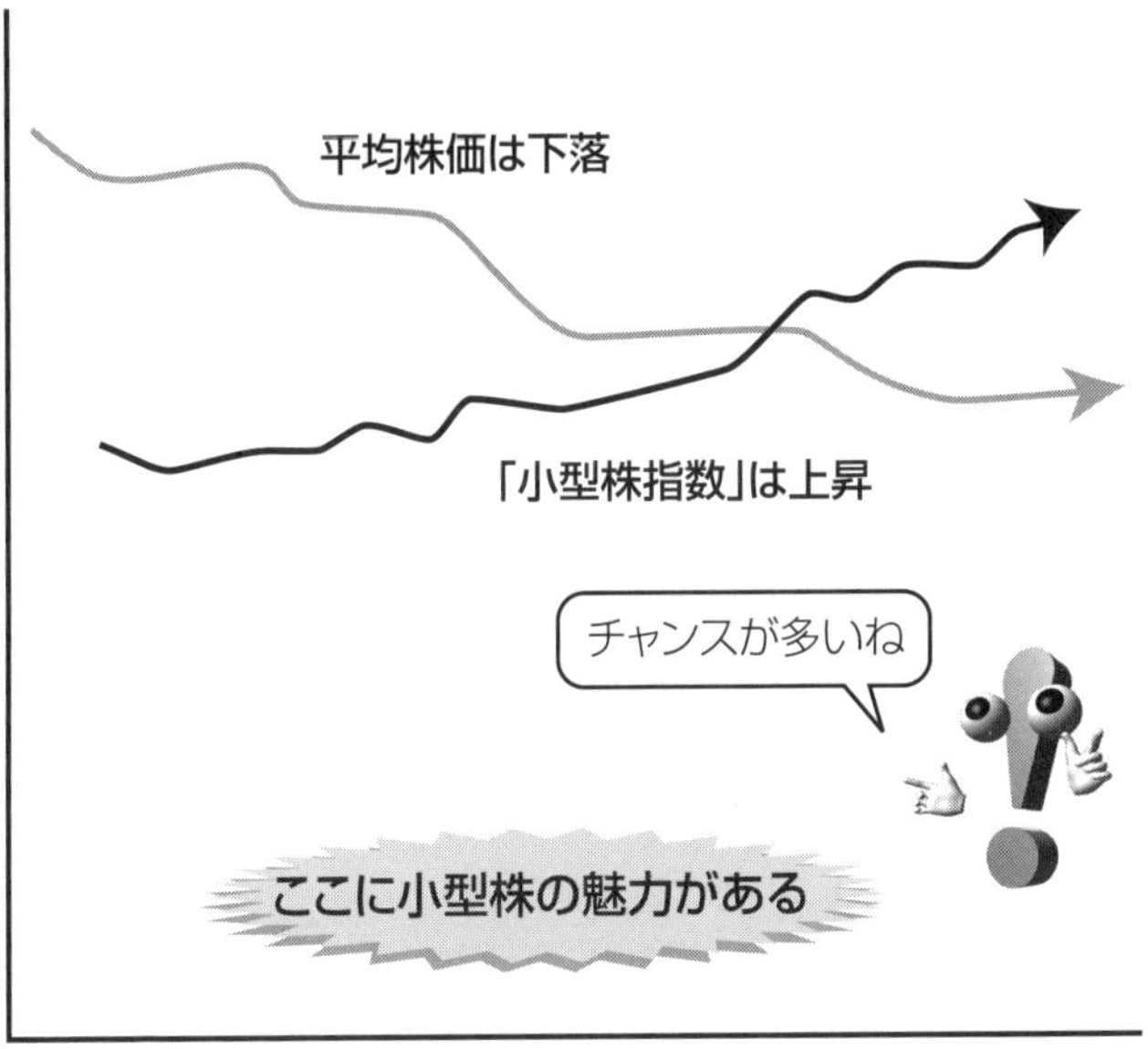

平均株価は下落
「小型株指数」は上昇
チャンスが多いね
ここに小型株の魅力がある

Look

大型株は平均株価に連動するが、
小型株はあまり影響を受けない!

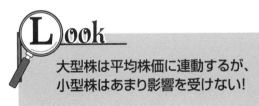

7 仕手筋が動かしやすい

基本的に、株価は業績を背景にして上がるが、業績が悪くても上がるケースはある。仕手筋の絡んだ思惑的な買いが生んだ相場である。

このような株価の動きでは、その初動期であれば乗っても危険は低い。デイトレードが好きな人ならば、株価の勢いを見ながら素早い売買で利益を獲得するチャンスが出てくる。

株で儲けるには、株価が上にも下にも動いてくれなければならない。その点では、上下の振り幅が激しい小型株は、「恰好の値幅稼ぎの対象になる」と言えるだろう。

小型株で儲けるには機敏な動きが要求される。買うのも投げるのも決断が要求される。多くを望むあまり、目算の狂いで暴落に遭うこともある。欲張りは禁物だ！

とくに、仕手筋の絡む株の動きは〝騙し〟が当たり前なので、不安感に襲われるような値動きになる前に利益確定を急がなければならない。

同時に、下げがあれば買い向かう考え方や姿勢も持たなければ、仕手株の動きには到底ついていけない。個人投資家の「提灯買い」を巻き込みながらも、心理戦で「高値は売らせまい」とする株価操作が行われるからである。

仕手筋が動かしやすい小型株

◆ 小型株は仕手筋のターゲットになりやすい！

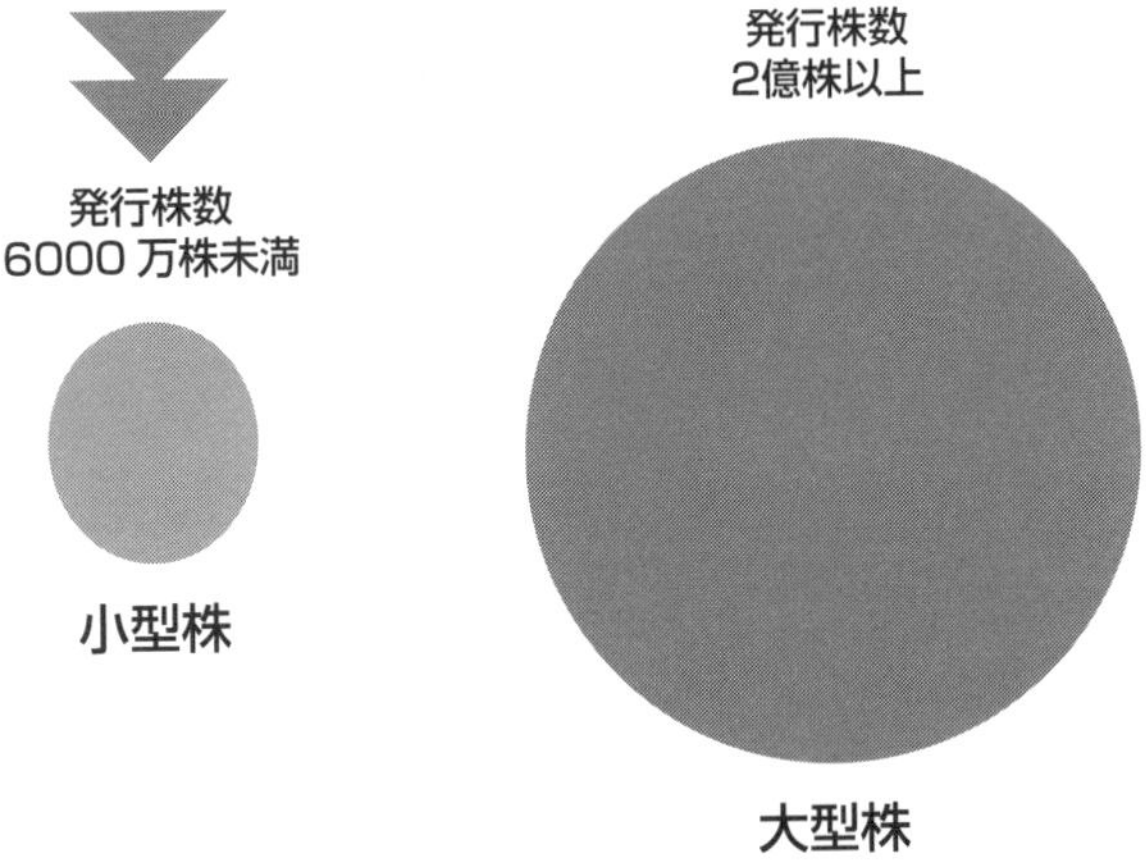

仕手筋は少ない資金で動かせる銘柄を狙う

Look

仕手筋が動かしやすい小型株は、さまざまな銘柄が乱舞する可能性アリ!

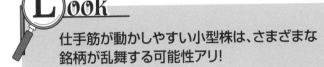

8 1つの材料でストップ高もある

大企業と違って小型の企業は、1つの新製品の開発メリット、新しい受注の成功などで業績は驚くほど上がる。大企業では大したインパクトのないニュースでも、小型の企業には極端な反応になり、株価は急騰しやすい。これも小型株の魅力である。

今まで大した出来高もなかった銘柄が、突然、大きな出来高を伴いながら上昇を始める。材料の影響度が強ければ、それこそアッという間に株価は倍増する。これはこたえられない動きであり、機敏に上手く乗れば、出遅れてもそこそこの成果が得られる。

大切なのは、反応のスピードだ。これさえあれば、小型株で確実に儲けることは可能なのだ。材料で動く小型の銘柄は、日替わりのように出没する。ジャスダックやマザーズなどを含めると、宝の山である。ゆえに、ついつい目移りしてしまいがちに。気持ちはわかるが、そこは抑えて銘柄を厳選していかないと〝モグラたたき〟になりかねないので注意！

それでも、企業が頑張れば、そのまま株価に反応するのだから、「正直な動き」と言える。

材料が出そうな企業は、日頃からこまめに情報を集め、そつなくチェックしておくと、ビッグチャンスが訪れる可能性大だ。

材料があれば株価が飛ぶ

◆ ストップ高は日常茶飯事！

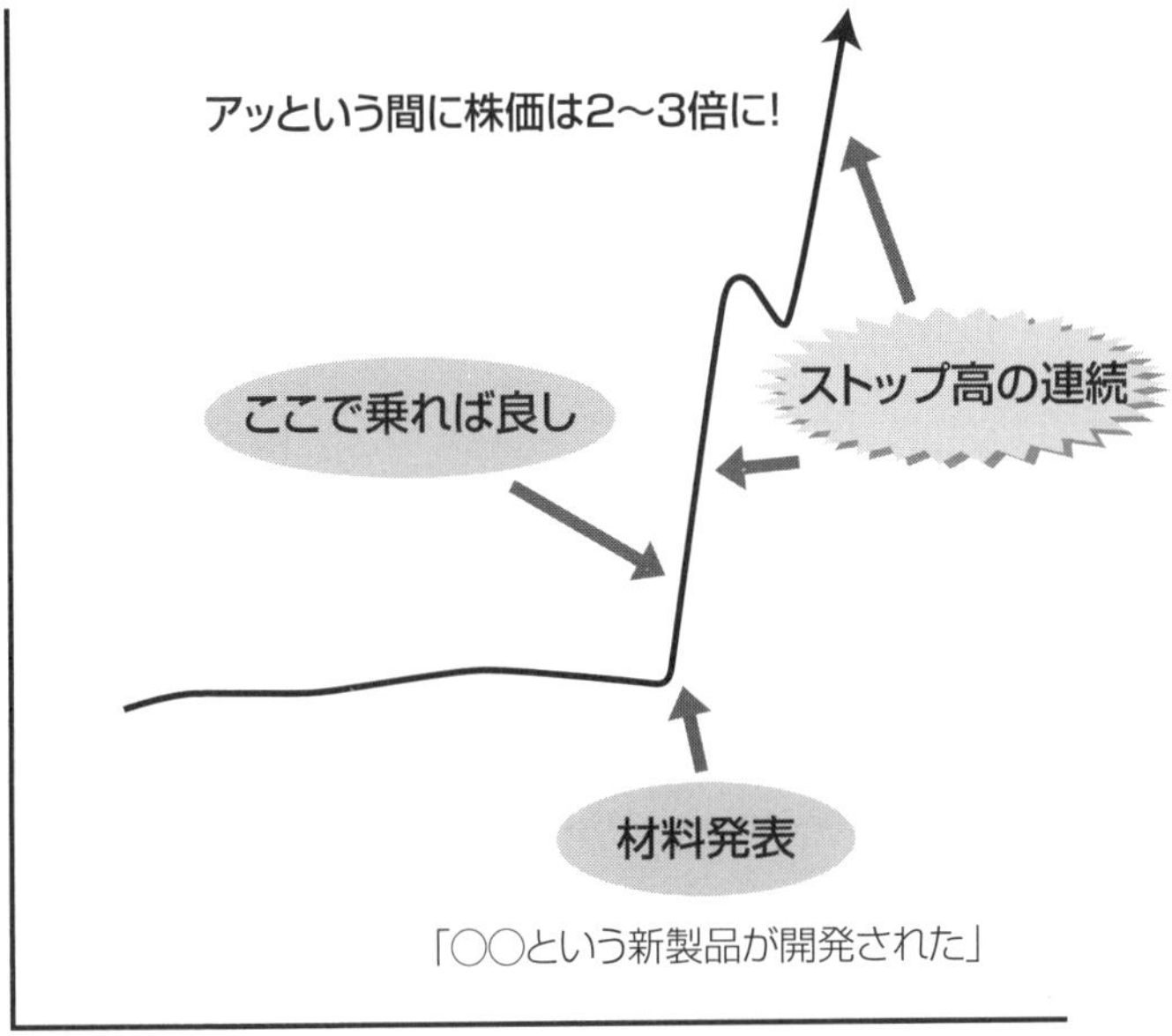

ここで乗れば良し

「○○という新製品が開発された」

Look

小さな材料でも規模の小さい企業には影響度が大きい。したがって、株価への反応も敏感だ!

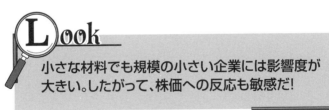

9 小型株の動きは業績に正直である

大型株などでは、業績が回復しても相場環境によって株価に無反応なケースも少なくない。

小型株は業績への反応が正直である。

ということは、未発表のデータ次第で〝大化け〟するということでもある。たとえば、増額修正などがあれば、株価は直ちに飛ぶ。この動きがこたえられないのだ。

「株はファンダメンタルズだけでは動かない」などと言われるが、小型株に関しては、その可能性が少ない。なにしろ仕手筋や投資家が、虎視眈々と上げのタイミングを狙っているので反応しやすいのだ。わずかな買いがあれば、売買のバランスが崩壊して急騰する。急騰はさらなる買いを呼び込み、次の急騰に結びつく。だからこそ、短期間で大儲けできるのだ。

投資しようとする企業に関して、日頃からつき合いがあり、商品などにも興味があれば、売買のタイミングをつかみやすい。たとえ買わなくても見張ることができるので、動き出したらすぐに便乗できる。「株価の動きがわかりやすく、投資判断がしやすい」ということだ。ゆえに、初心者でも十分に対応できるが、小型株投資では、スピードが要求されるので、深追いは禁物であることは肝に銘じておかなければならない。

業績に敏感に反応しやすい

◆ 業績の大幅上方修正の材料で上げる！

マーケットエンタープライズ（3135）

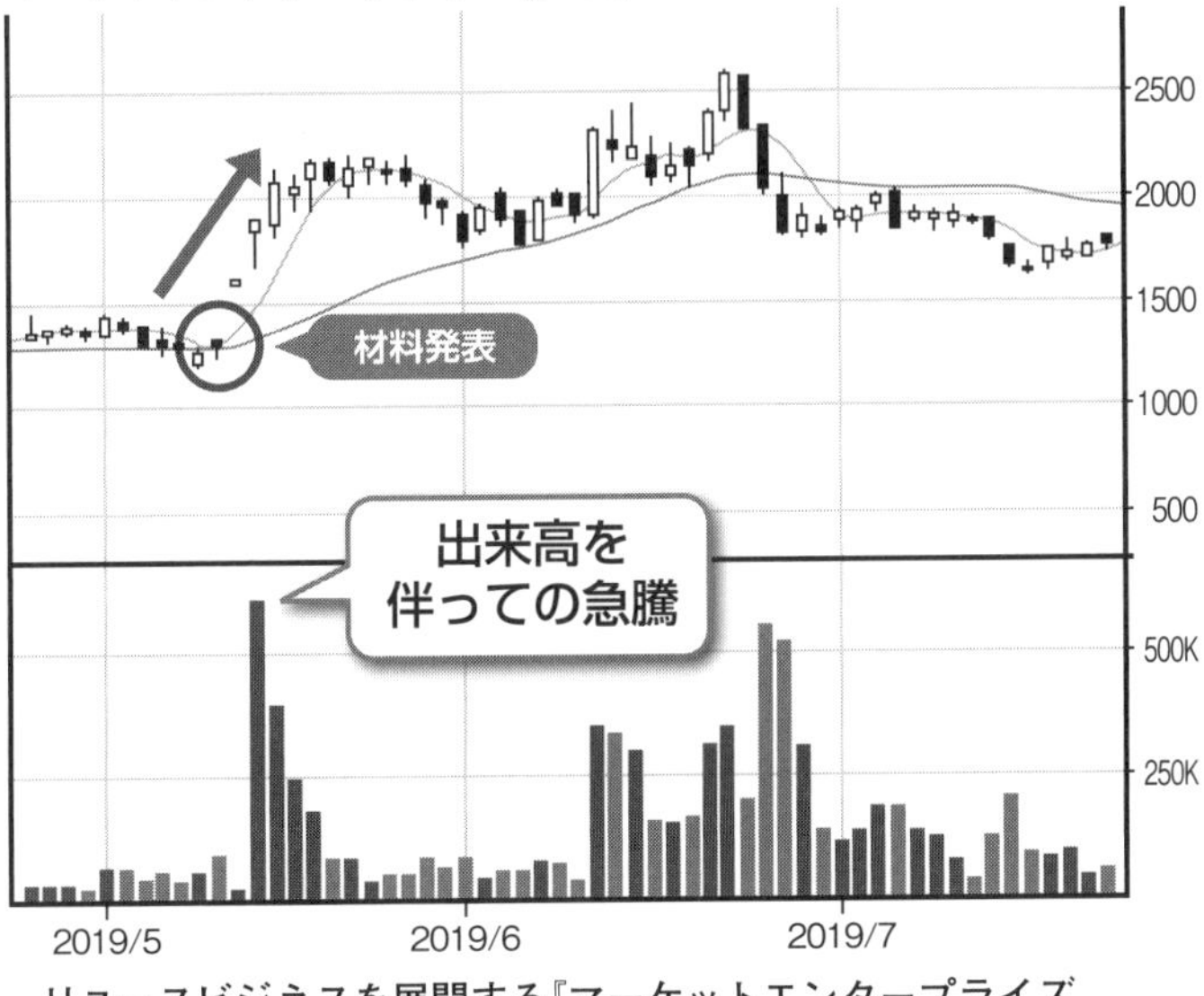

リユースビジネスを展開する『マーケットエンタープライズ（3135）』は、6 月期連結経常利益を 56.7%上方修正して急騰！

Look

小型株は業績に対して反応しやすいので、個人投資家でも手掛けやすい！

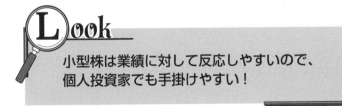

10 相場閑散時には人気が集まる

市場は、全体的に出来高が高い水準のときばかりとは限らない。閑散なときもある。そのような状況では、大型株や優良株を個別に動かすことは、大手証券や仕手筋でも困難である。しかし、小型株ならば動かしやすい。「商売をしなければ」という都合があるところは、なにかで売買を行わなければならない。そこで小型株は恰好の餌食となる。

相場が閑散なときは、小型株の動きに目を凝らしておくのが良い。動き出したら、機関が買いに入るからだ。これほど相場を見やすいときはない。証券会社からすれば「動くものは買わなければならない」という〝事情〟があるからだ。このような銘柄に相乗りしてもさほどのリスクはない。「相場閑散もまた良し」ということになる。

小型株には、このように常にチャンスがある。それを絶対に見逃してはならない！「敵の都合を逆手に取って相場をやる」――これが賢い投資家だ。個人投資家だからこそ、上手く立ち回る必要がある。まともにやっていたのでは、到底勝ち目はない。

これらの点を熟知したうえで投資を行う人が、良い成果を手にする。つまり小型株の特徴を心得えて売買している人だけが、儲けを手中に収めることができるのだ。

相場環境に関係なく小型株は動く

◆ 相場閑散でも低速でも関係ナシ！

加地テック（6391）

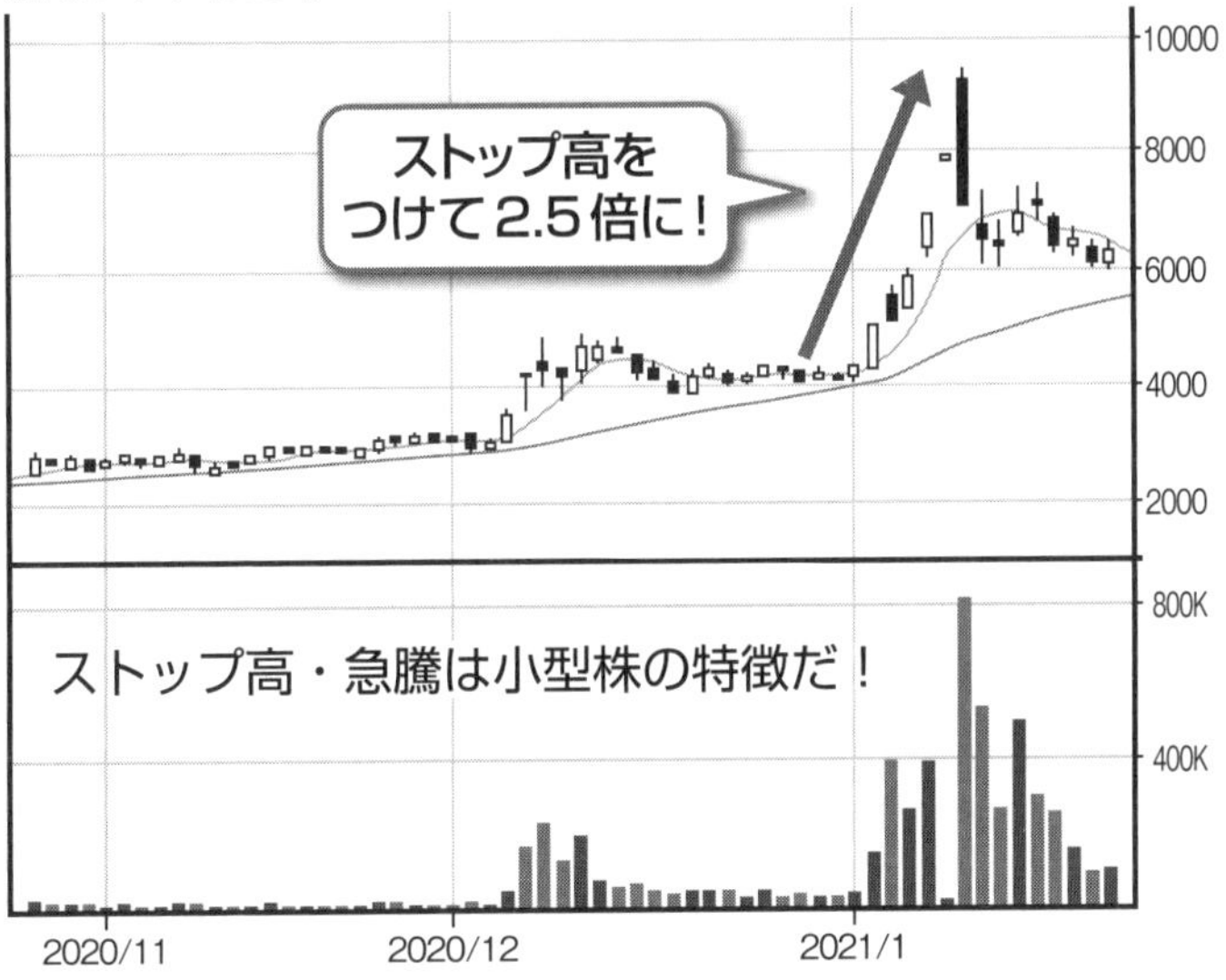

Look

相場自体が閑散としているときは、
動きの良い小型株に注目！

Column

【株の格言：その①】

「まだはもうなり、もうはまだなり」

株価の動きは、個人の思惑通りにはいかないということ。

ある銘柄を「買いたい」と考えるときに、「もう少し安く買いたい」と思うのが、人の常。

そこで上げ基調の押し目を狙う。

ところが、その思惑はみんなが持っているので、「まだ下がる」と考えていると、その前に上がってしまう。小型株のように値動きの速い銘柄は、その傾向がいっそう強い。

逆に、「まだ上がるだろう」と高値を待っていると、その前に高値をつけて下げてしまう……「まだはもうなり」なのである。

まだまだ上がる（下がる）と思っていると、じつは、そこが天井（底）だということ。

まさに人間の心理と相場の動きとの駆け引きである。投資家ならば、誰もが幾度となく経験しているにもかかわらず、この教訓をなかなか活かせていないのが実情だ。

相場は人間の心理（欲）との戦いでもある。そこがおもしろくもあり、難しいところなのだが……。

株式投資では、欲が深すぎると結果的に損失が大きくなる。「そこそこ」が良いのだ。

「腹八分目で良し」——。

常に心得ておくべきである。

2章

小型株投資で勝率を高める12の基本

1 上昇トレンドの銘柄を選んで買う

小型株で、安全、且つ投資する魅力のある銘柄は、右肩上がりになだらかに上げていくものだ。

小型の銘柄は、最近の話でいえばアメリカの民主党政権が力を入れる、地球温暖化対策としての電気自動車（EV）、風力発電、水素技術に関係したものも多く、上げ基調にあるので、全体相場に増して上げの銘柄が多いのである。上昇トレンドのときは、多少、買いのタイミングに狂いが生じても、時間を掛けることで〝差益〟が発生してくる。もちろん、買いはできるだけ割安なほうがリスクは少ない。利益確定のチャンスも早くやってくる。

右肩上がりの動きの特徴は、全体相場の上げが続く間は、上値を追っていく可能性が十分にあるということだ。

企業の利益発生の水準が上がれば、株価は割安になるので、さらに上値を追うことになる。できるだけ、上昇初期の銘柄を選んで投資をしていけば、安定的に利益を確定できる。このような銘柄を次から次へと探して買っていけば良いのだ。

自分で選んだ銘柄の動きをいつも抜かりなく追っている人は、「これは上げ基調に入ったな」という感覚が自然と身についてくる。あなたも、そのような投資家を目指してほしい。

安全な上昇トレンドを選ぶ

◆ 小型株でも安全な値動きが良い！

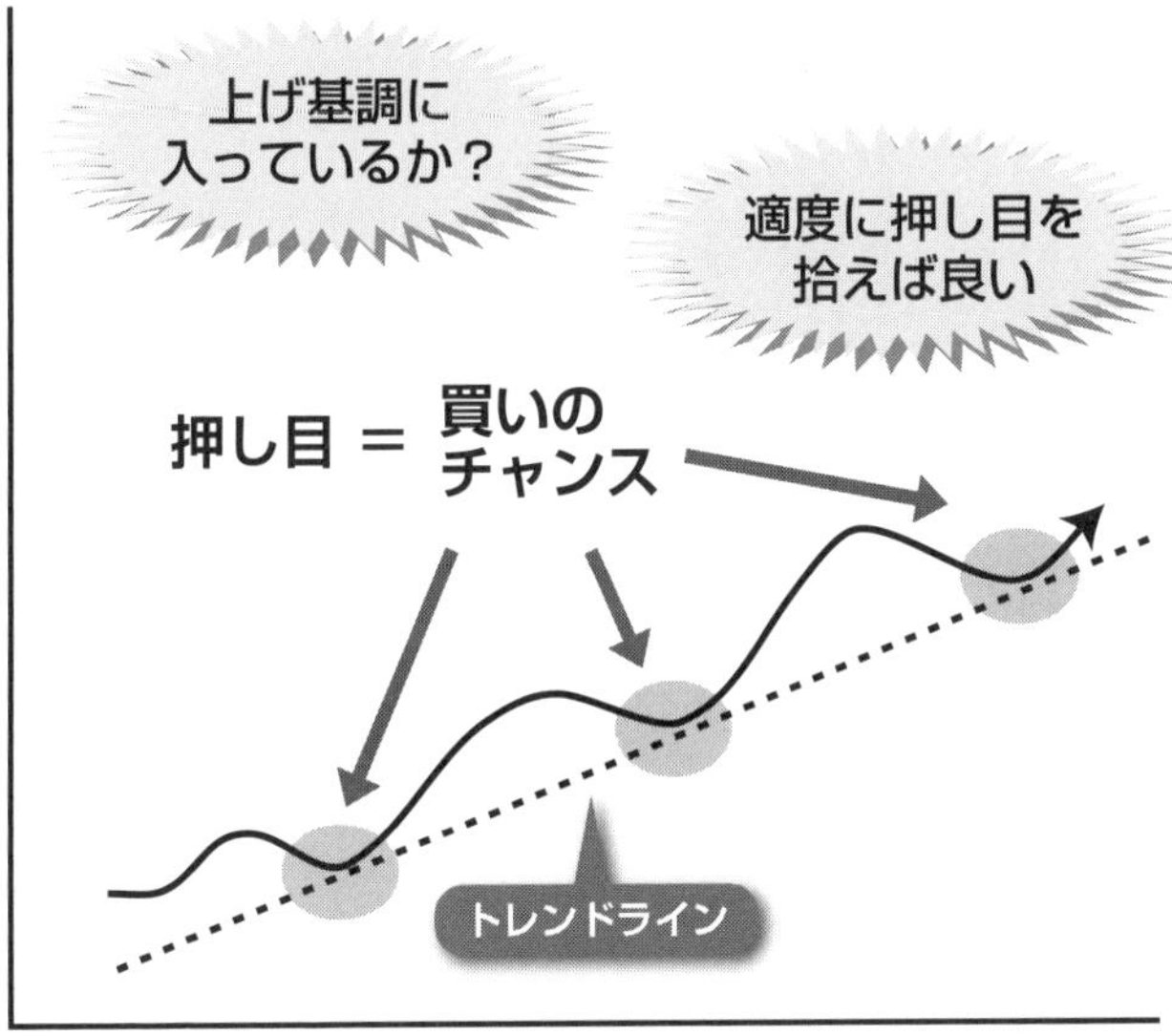

上げ基調に
入っているか？
適度に押し目を
拾えば良い
押し目 ＝ 買いの
チャンス
トレンドライン

Look

なだらかな右肩上がりの銘柄であれば、
押し目買いができるので安心だ！

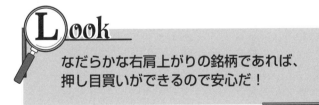

2 上昇トレンドでの買いは押し目に徹する

当たり前だが、株を買うときにはできるだけ割安に買うのが良い。高値に飛びつけば、その銘柄の株価が調整場面に入った場合、含み損を抱えたまま、次の上げの場面をどんよりとした暗い気持ちで待たなければならないので、精神的にも疲れるだろう。

余程の急騰銘柄でなければ、25日移動平均線（日足）に沿って上げていく銘柄は、「上げては調整し、また上げては調整する」といったリズムで上昇トレンドを描いていく。

上げのあとには、利益確定の売りがあるのが、一般的だ。売りの場面は、上げ基調の銘柄にとっては調整場面になる。売りをこなして、次の〝上げエネルギー〟を蓄えるのである。

上げ基調の小型株で儲けるためには、買いは急ぐべからず。

必ずやってくる調整場面の株価をつかむのだ。心理的にはなかなか買いづらい局面かもしれないが、株式投資は人の逆をやらなければ、儲かることはまずない。

調整場面とはいっても、急騰が激しい銘柄はその時点で天井をつけることがある。これは上げすぎなので買ってはいけない。高値付近と思われるチャートで「上ヒゲ」が出ていれば、その可能性が高いので要注意だ。

押し目買いが小型株でも大切だ

◆ 仕込みのタイミングを知る！

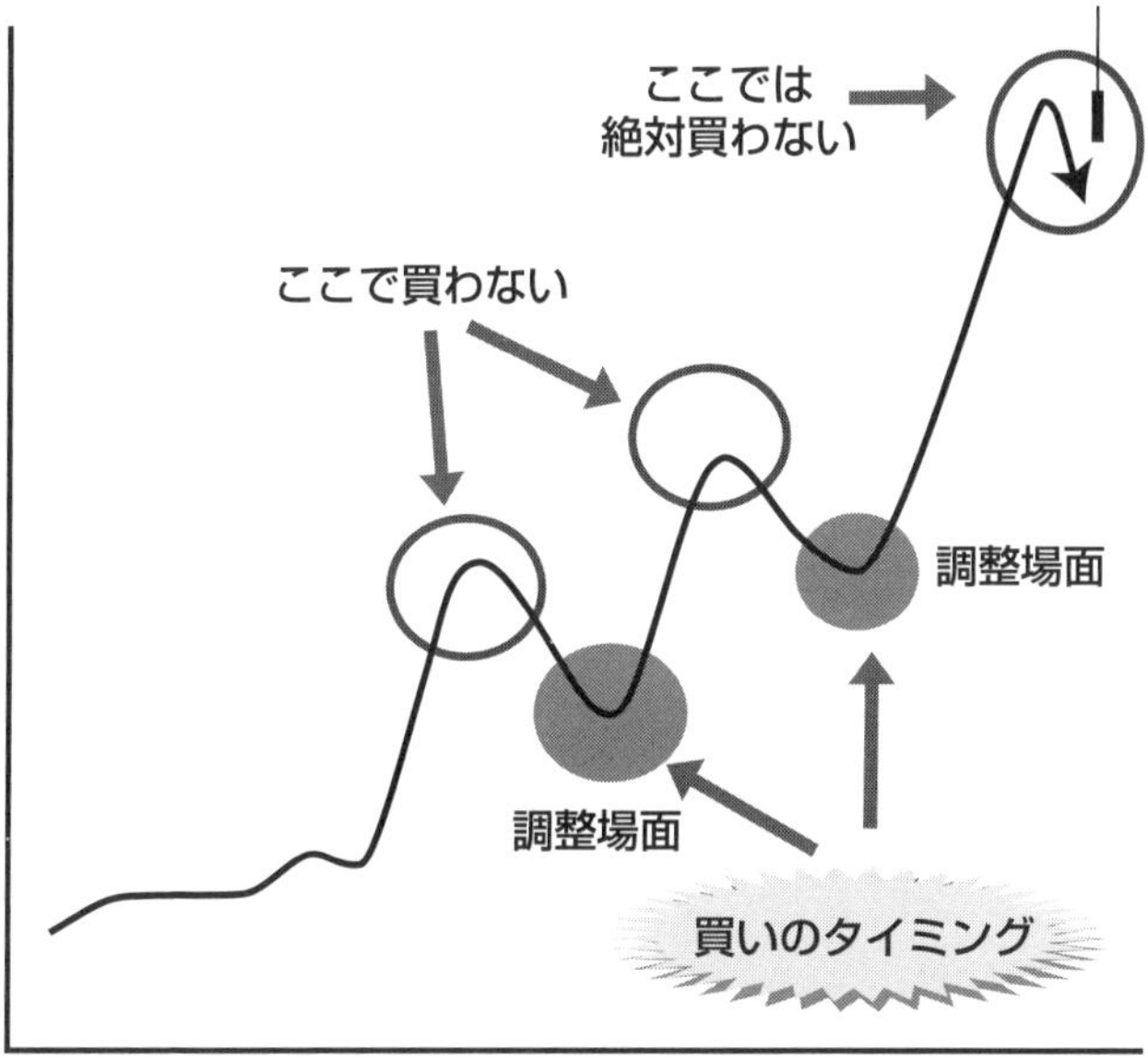

Look

小型株の値動きは華やかだが、高値を
買ってはならない。必ず押し目を買うこと！

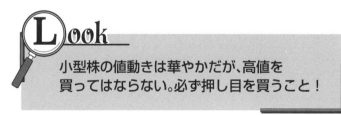

3 一度に買わないで分けて買うのが得策

いかに「株価が上げ基調にある」とはいっても、その段階で右肩上がりなのか、天井なのかを判断することは容易ではない。本来は、調整の下げ場面であっても、「どこまで下がるのか」という不安がつきまとうのが、一般的な投資家の心理である。

そこで下値不安に打ち勝つために、「下げへの抵抗力」をつけることが肝要だ。「下がったので投げなければ……」という不安に打ち勝つことである。

このような場合には、押し目で一度に資金を投入しないで〝小分け〟にして買い下がるのが得策だ。そうすると、ある銘柄を買ったときに「もっと安く買えないかな」という考え方に立つことが可能となる。下値不安でなく、下値期待が持てる。こうした考え方ができれば、押し目の局面で有利な仕込みができるだろう。

そういう株が反発すれば、余裕を持って買っているので、利益確定のチャンスが多くなり、利幅も多く獲得できる。

上昇局面での押し目の買い下がりが着実にできれば、その時点で株式投資の儲けは約束されたに等しい。上げ基調での買い急ぎは失敗の元であることを忘れてはいけない。

仕込みは小分けにするのが鉄則！

◆ 株価の動きが明確でない小型株は、
一時的に下がったときがチャンス！

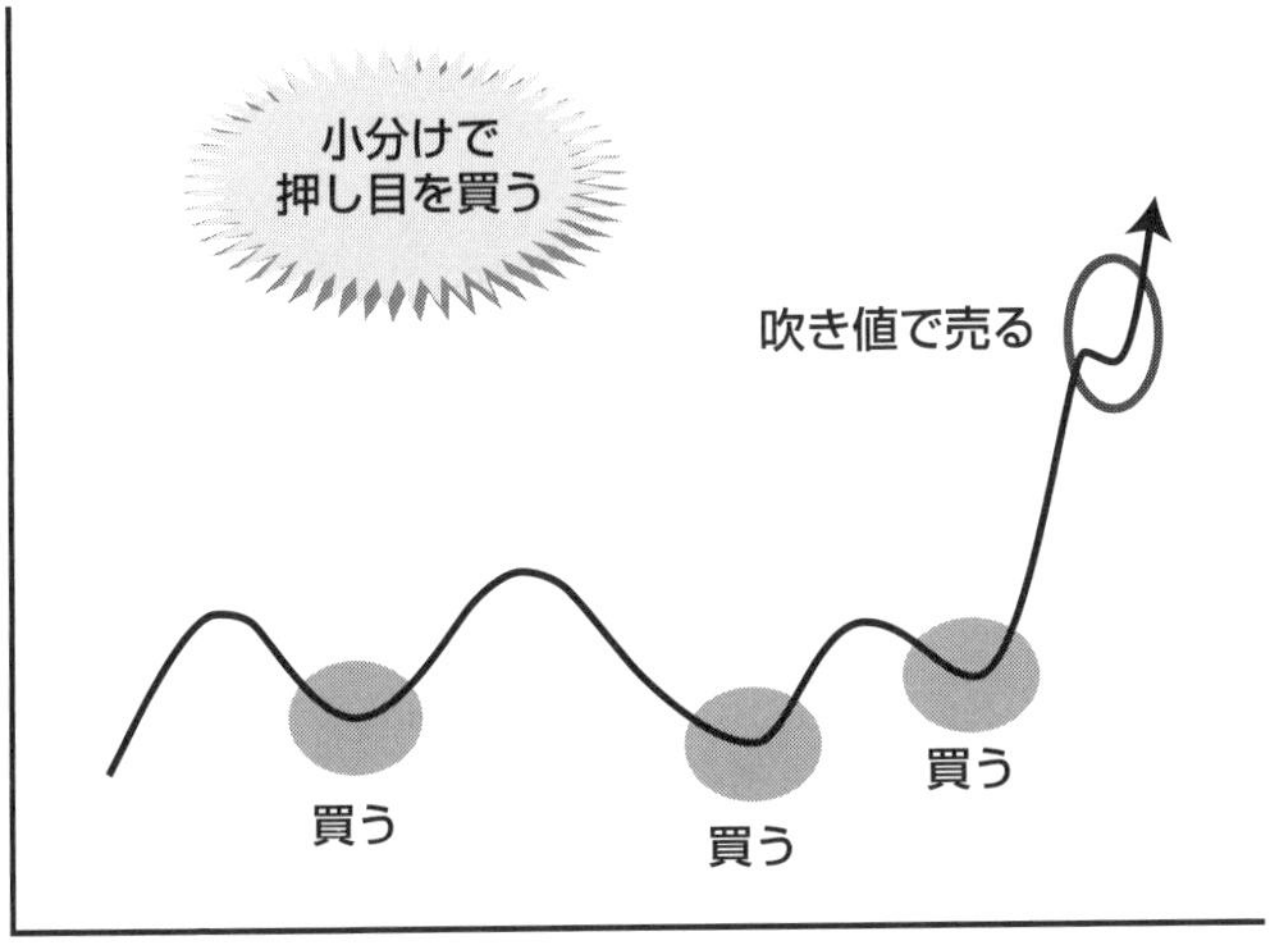

Look

安値圏で上げ基調ならば、
小分けにして仕込み、吹き値で売る！

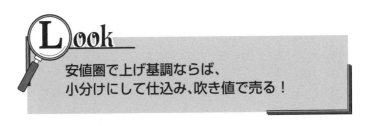

4 吹き値ではとりあえず利益確定を！

小型の銘柄が動き出すと、アッという間に株価は上がる。それも、ときにはストップ高をつける。このようなときには「やった！」という気持ちに誰もがなる。

しかし、そのときの対応が問題だ。小型株投資で失敗する人の多くは「これはもっと上がるぞ」と考えてしまう。勢いからすれば、上がる可能性は否定できないが、小型株はわずかな売買のバランスの狂いが原因で「ストップ高→ストップ安」に転じるケースは多々ある。

確率を重視するならば、株価が吹き上がったときこそ「利益確定のタイミングだ」と捉えておいてほしい。株数を多く持っていれば、半分は利益を確定させておくことだ。そうしておけば、残りの持ち株がたとえ買値を下回っても、大したリスクにはならない。さらなる高値を期待して持続することも余裕を持ってできる。

これくらいの余裕がないと、最高値付近まで落ち着いて追うことは不可能だ。心理的に余裕がないと性急に判断してしまう。株はよく「心理ゲームだ！」と言われるが、長年の私の投資経験から見ても、「その通りだ」と断言できる。

株式投資では、「心理戦に勝つ！」という〝強い気持ち〟が勝利を呼び込むのだ。

急騰時はとりあえず利益確定せよ

◆ 小型株では確実な利益確定を！

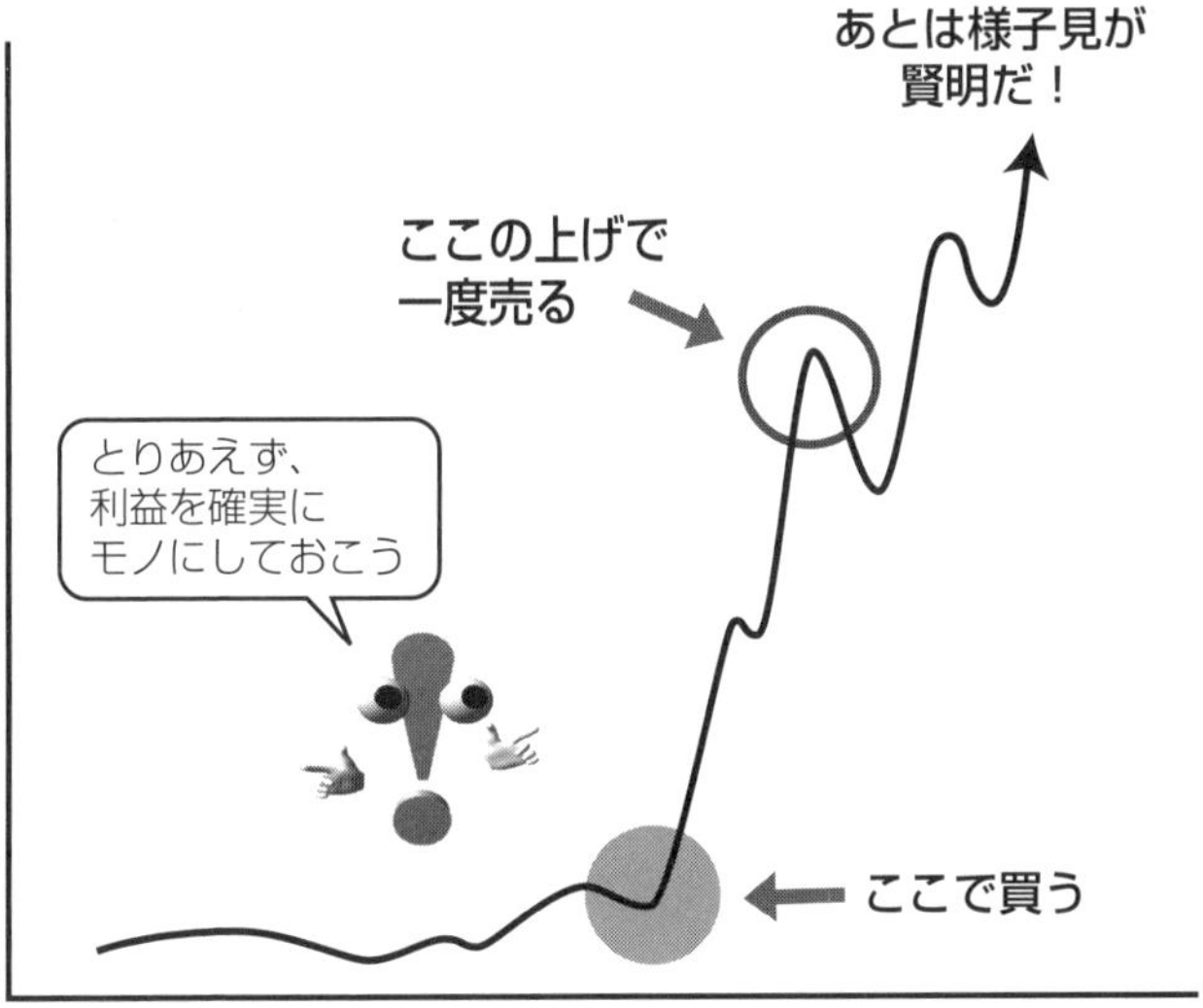

あとは様子見が
賢明だ！
ここの上げで
一度売る

利益を確実に
モノにしておこう
ここで買う

Look

**小型株は値動きが激しいので、思わぬ
上昇局面では、とりあえず利益を確定する！**

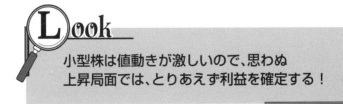

5 売りも買い同様に一度でなく分ける

幸いにして、底値で多くの株数を仕込むことができたときはどうするか？

すべての持ち株を天井で売ろうとしてはいけない。でなければ〝儲けの果実〟にはならない。「株価の天井」は結果論であって、神様だけが知っている。

凡人である我々個人投資家がわかるはずもない。そこで投資効率を良くするには、手持ちの株を利益が出た段階で、小分けにして、利益確定することを徹底してほしい。

株式投資では、欲深さは禁物！　利益確定の確率を高めることに重きを置くべきだ。花畑で花を少しずつ摘んでいくように、楽しみながら利益を確定するのである。

そのあとで、「深い押し目（さらなる上げの初動段階であることが条件）」があれば、さらに仕込めば良い。

「安く買って、そこそこで売る」――。これを繰り返しているならば、小型株投資で連勝街道まっしぐらも夢ではない。一気に高い利益を望めば、それだけ値下がりのリスクは高くなる。

どのような銘柄も上値をつけたあとで、売りが急に増えれば、売りが売りを呼んで奈落の底に落ちるからである。ストップ安などがあれば、元も子もない。

売りは分けて行うほうが利幅は厚い

◆ すべてを天井で売ろうとは考えない！

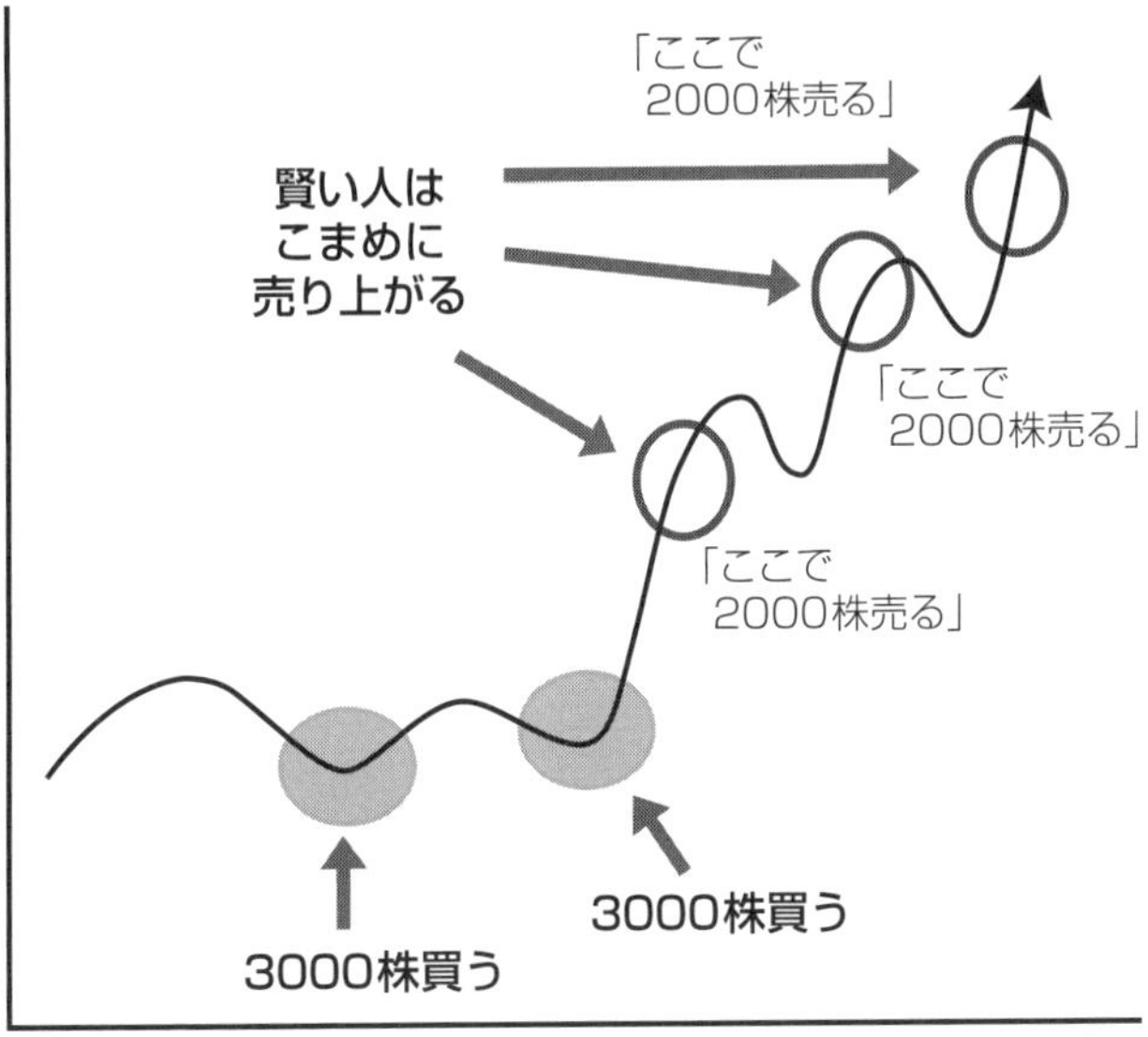

「ここで
2000株売る」
賢い人は

売り上がる
「ここで
2000株売る」
「ここで
2000株売る」
3000株買う
3000株買う

※100 株単位の銘柄は 300 株ずつ
という方法もある

Look

**株価はどこまで上がるかわからないので、
とりあえずこまめに利益確定を徹底！**

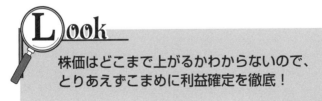

6 出来高増加の初期に仕込むのがGOOD！

株価が上がり始めるときは、たいがいの銘柄は売買出来高が急増する。これは小型株でも、中・大型株でも同様である。出来高の増加は、株価が大きく動く〝予兆〟なのだ。

その銘柄に人気が集まるので、買いも売りも増える。株価が上がるのは、買いのほうが上回っているためだ。

この出来高の増加に際して、株価の上げ下げの幅が大きいのが小型株である。小型株はわずかな売買のバランスに狂いが生じることで乱高下しやすい。ただ、売買出来高はいつまでも高い水準で推移するとは限らないが、上値圏内では出来高が減っても「売り玉（売るための株）」が少なくなるので、少しの買いでもさらに急騰するケースもある。

小型株で儲けるためには、出来高急増のタイミング、つまり出来高が増えてきた初期に買わなければならない。上げが明確になってしばらくして買ったのでは、上値が限られるし、天井つかみの危険が大きくなるので、決して「好ましい」とは言えない。

出来高急増でのタイミングを上手くつかむためには、日頃から出来高の動向を念入りに見張る努力が求められる。

出来高が増えてきたら急いで仕込め！

◆ 仕込みは出来高急増の初期に行う！

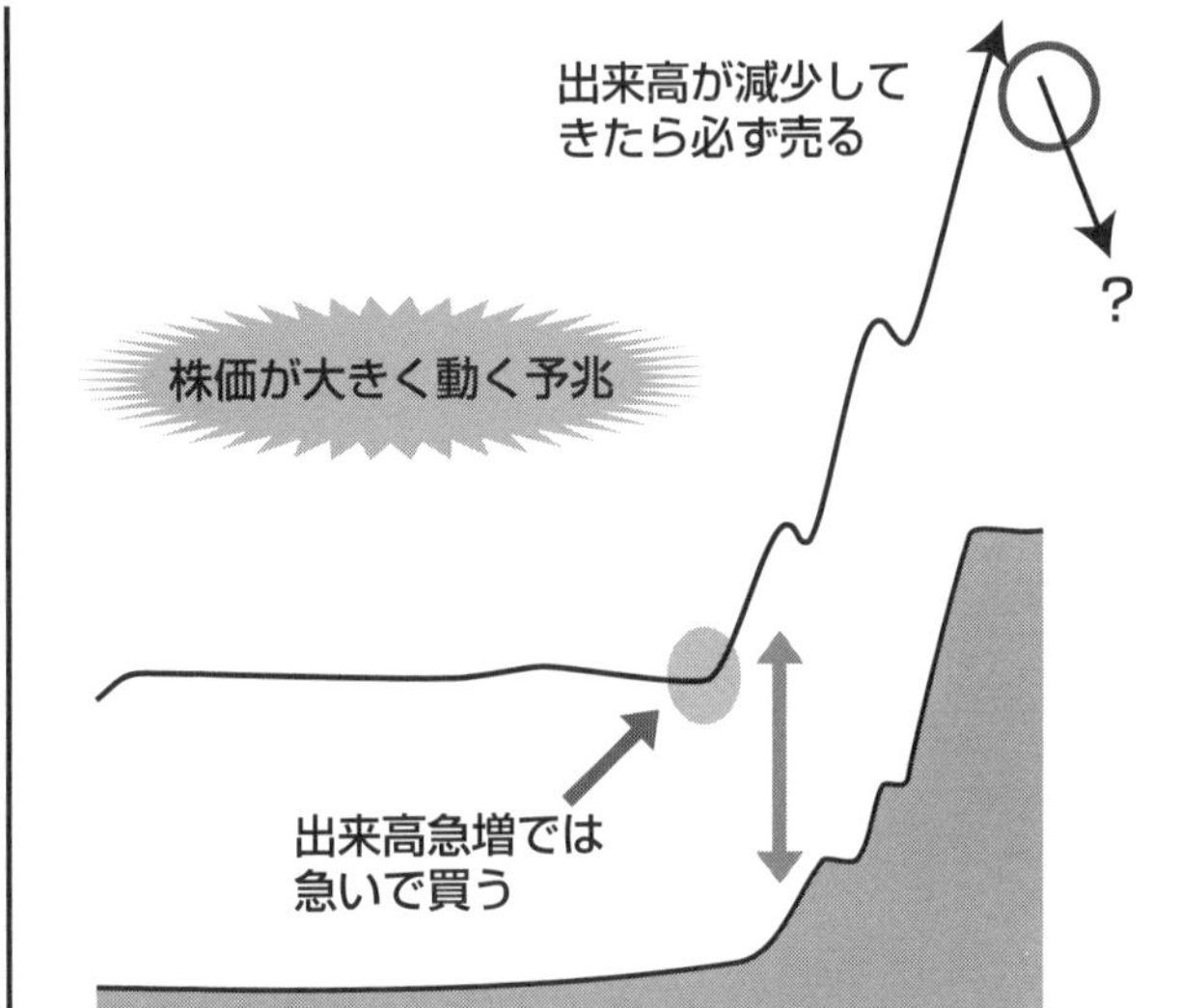

Look

出来高と株価は密接な関係にあるので、
必ず両方を関連づけて見張る！

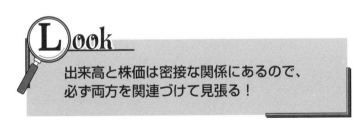

7 好材料の発表後は高値つかみに要注意

ネットニュースなどで、ある企業にとってプラスになる材料が明らかになると、株価は大きく反応するのが、一般的な動きである。

なかでも、値動きの速い小型の銘柄では、ストップ高になることが多い。

さて、この状況での投資はどのように進めるべきか？

朝や前日大引け後のニュースで飛びつけば「朝高の後場安」になる可能性が十分にある。これでは高値つかみになってしまう。いわゆる〝ババつかみ〟だ。余程の好材料でなければ、買いのクライマックスのあとには、必ず利益確定の売りが出てくる。その調整場面で買うのが賢明だ。朝の高値に「成り行き買い」で望むのは、あまりにもリスクが大きすぎる。

個人投資家が陥りやすいのは「今買わないと乗り遅れる」という焦りだ。

ところが、その焦りは売り方にとっては恰好の利益確定のチャンスになる。これに乗せられないことが「小型株の好材料に乗るときの注意点だ」と言えるだろう。

もちろん、なかには一過性の材料もあるが……それは博打になるので傍観していたほうが賢明だ。

好材料への反応で高値をつかむな！

◆ １日の株価の動きを予測せよ！

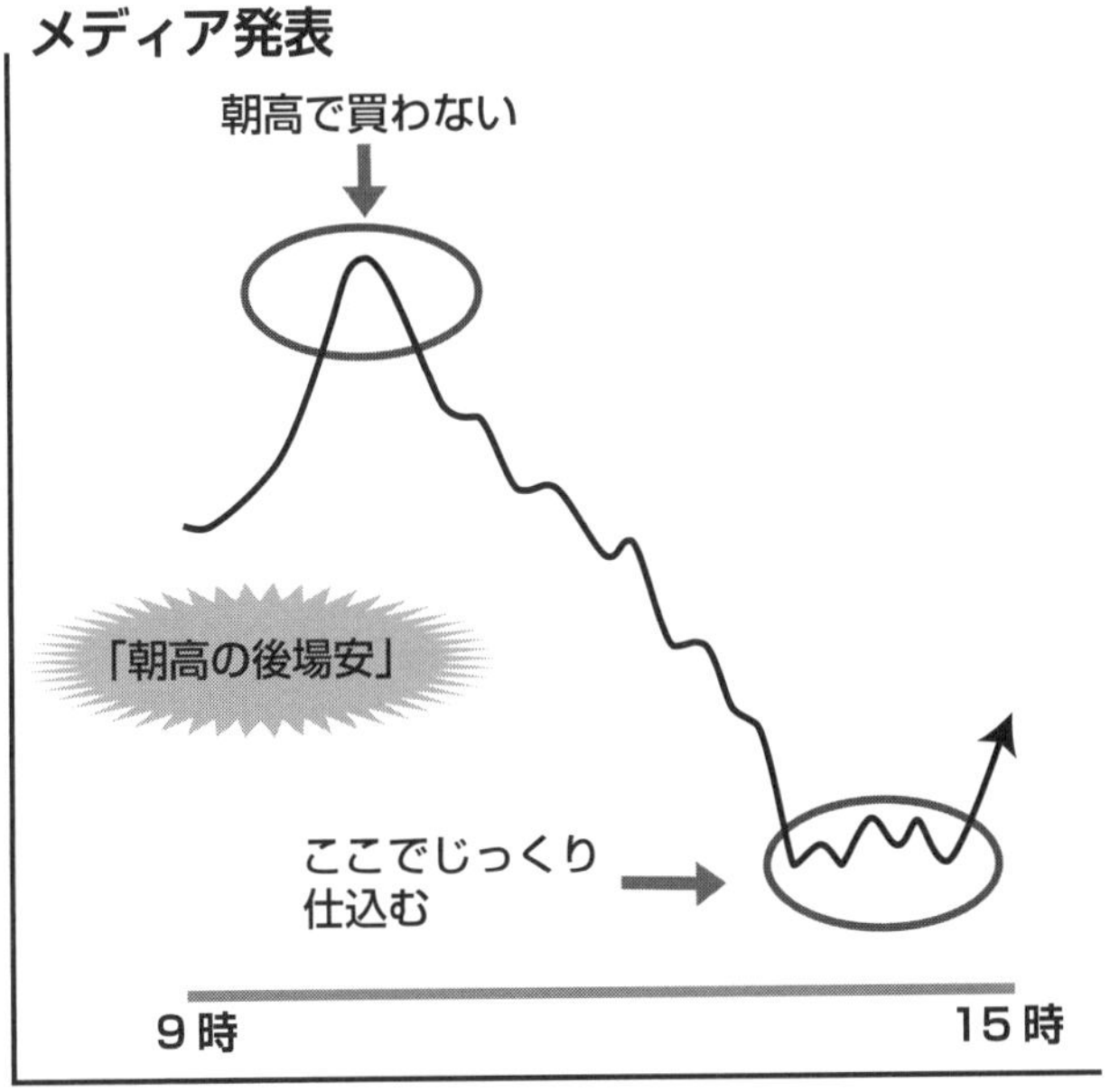

メディア発表
朝高で買わない
「朝高の後場安」
ここでじっくり
仕込む
9時
15時

Look

新しい材料が出てきたときに、ストップ高などの高値に飛びつくのは〝愚の骨頂〟だ！

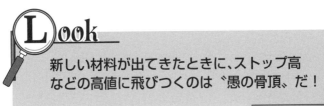

8 業績の変化率をしたたかに狙え！

「株価は、ファンダメンタルズ（経済の基礎的条件――業績のこと）に素直には反映しない」

こうした考え方もあるが、傾向としては業績を織り込むものである。

株価と業績の関係には、「1株利益の何倍まで買われるか」というモノサシがあるので、利益が増えてくれば、株価水準は当然ながら上がってくるのが、一般的である。利益の増額と株価が一時的に連動しないとしても、最終的には連動することになるだろう。

その点から忠告するならば、業績の変化を注意深く見ていくことが肝要だ。

とくに、業績の増額修正のニュースは、株価を勢いづける重要な要素になるので、ストップ高で始まることもある。ただ、この場合は様子見が賢明である。いきすぎた反応は必ず修正されるのが〝世の常〟だからだ。

修正されて株価が弱含みになったときが、買いのチャンス！

長い目で見ていけば、株価は右肩上がりになっていくことが予測できるので、情報が明らかになったあとでも、その銘柄を保有しておいたほうが利幅を獲得するチャンスが増える。

業績の上方変化に乗る戦略は、「成功の確率が飛躍的に高くなる」と心得ておこう。

業績の変化をあなどってはいけない

◆ ファンダメンタルズに素直に反応する!?

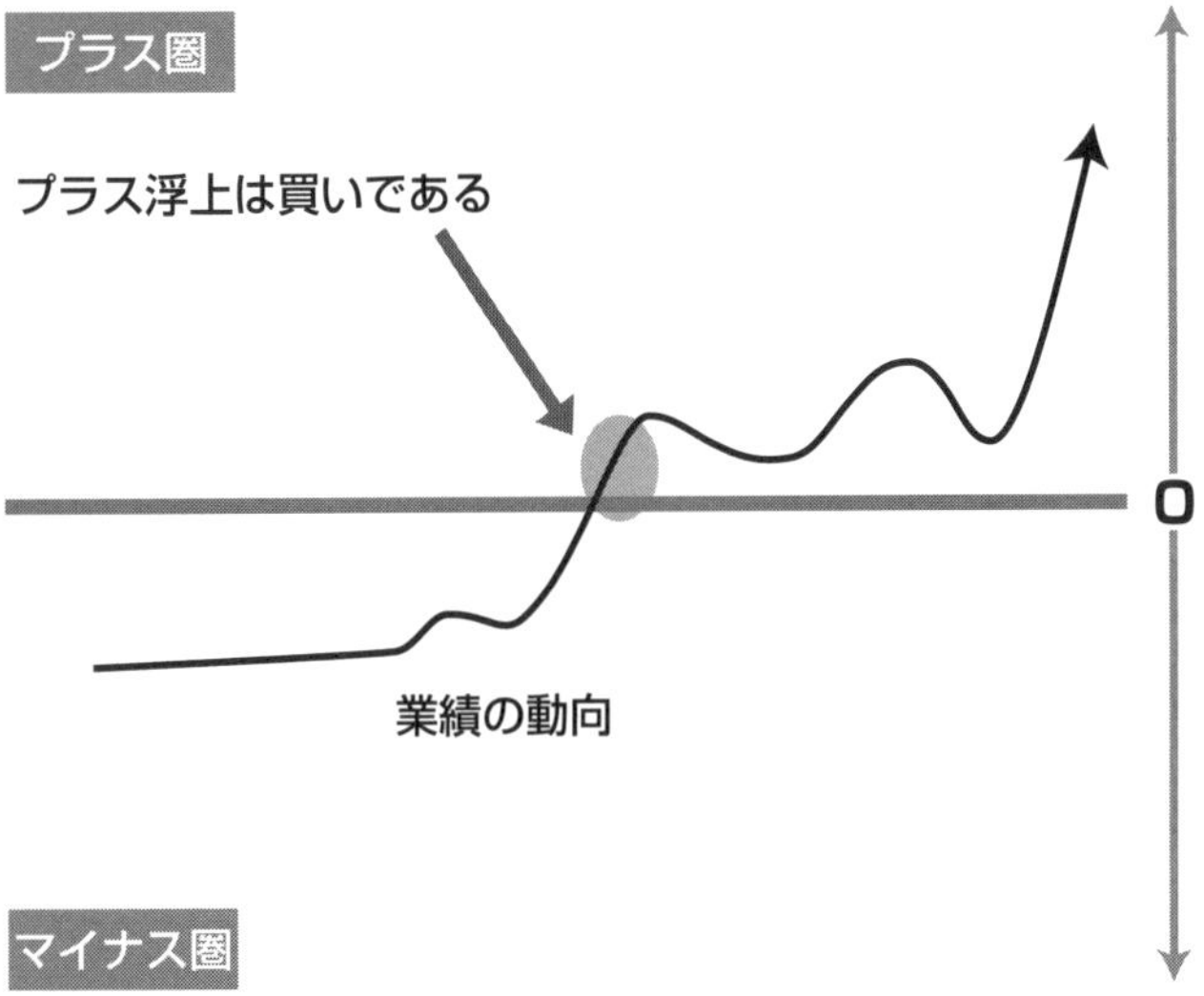

Look

株価は企業の業績を反映するのが常道
なので、黒字浮上では買いが有利になる！

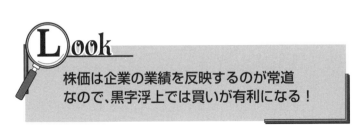

9 日常的に連想する習慣を取り入れる

株式投資で利益を確保するには、日頃から経済・産業の現状や今後の動向を注視しておかなければならない。

これは小泉内閣時、平均株価7060円台からの浮上時の話だが、「りそな銀行に公的資金が投入される」というニュースが流れると、超低位の銘柄（倒産予備軍の銘柄）が「産業再生の恩恵にあずかるのではないか」ということで、にわかに動いた。アベノミクスでも多くの株価が動いた。このように、メリット・デメリットは常に意識され、株価は大きく動く。

たとえば、天候不順などでも、銘柄によっては株価が大きく変動する。冷夏では、うどんやおでんが売れた。缶コーヒーも売れた。暖冬ではどうなるか。アイスクリームや春物衣料は売れるだろうが、エアコンはダメだし、スキーなどのレジャー産業にはマイナスだ。つまり株式相場は常に「材料探し」で動いている。この先頭をいく必要はないが、なにかの材料が出たときには、「この材料に関連する銘柄はなにか?」くらいの〝連想〟はしてもらいたい。

「コレが動けば、次はコレ」――。

このように、常に材料とそれに関連する銘柄を連想する習慣を取り入れてほしい。

「連想力」を働かせて関連銘柄を買う

◆ 株価は材料で動くものだ！

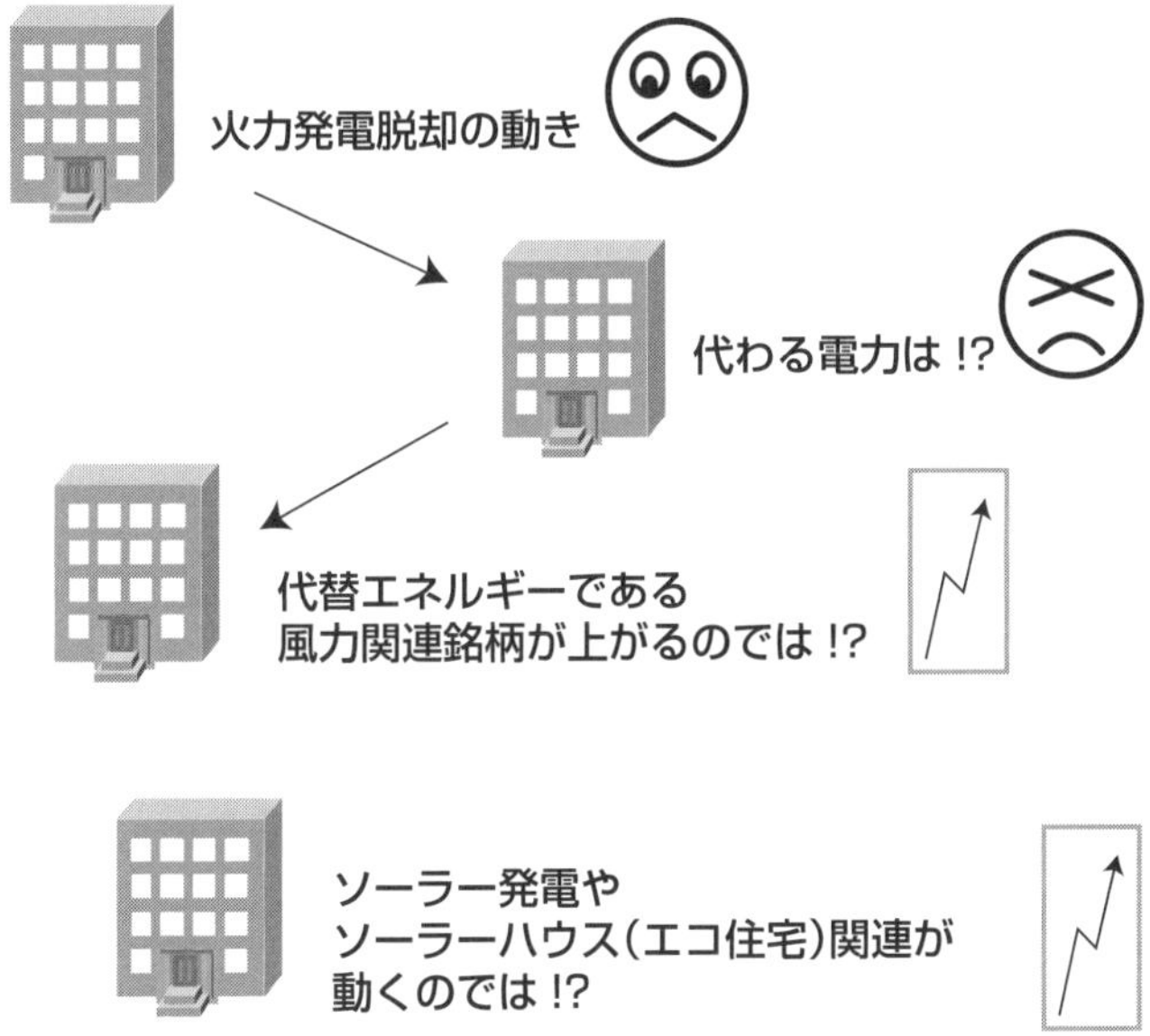

火力発電脱却の動き
代わる電力は !?
代替エネルギーである
風力関連銘柄が上がるのでは !?
ソーラー発電や
ソーラーハウス（エコ住宅）関連が
動くのでは !?

Look

暖冬・新型コロナウイルス・円高・円安・温暖化対策・テロ……など、さまざまな材料で株価は変動！

10 ときには底値を買って待つことも大切

常に動いている銘柄だけに手を出すのは、目先ばかりを追うことにもなり、こういう売買手法では大きな利幅を獲得することもできない。投資としてはおもしろいかもしれないが、売買が忙しく、株価の上昇を眺めて楽しむことは不可能である。

たとえば、景気浮上の兆しがあれば、機械・電機などの設備投資に関連する銘柄が買われる。これは1つの流れなので、業績の良い銘柄を買って待てば、かなりの利幅が取れる。

今後は消費関連やレジャー関連なども回復してくるので「〝突っ込み（株価の下げすぎ）〟の場面を拾う」という手もある。

景気敏感株などは、まだまだ本格的な業績の復活には程遠いのだが、現実には上げてきている。そこで買い集めておけば報われる可能性が……。

株価が上がるには順番がある。すべての業種がガンガン強気で買われることは少ない。業績が良くなっているにもかかわらず動いていない銘柄は、順番が訪れれば必ず動く。そのチャンスを待つだけの執念も必要なのだ。

「時を待って、大きな差益を得る」――株式投資の基本である。

底値を拾えば大儲けは決定的!?

◆ 待ち伏せて買う！

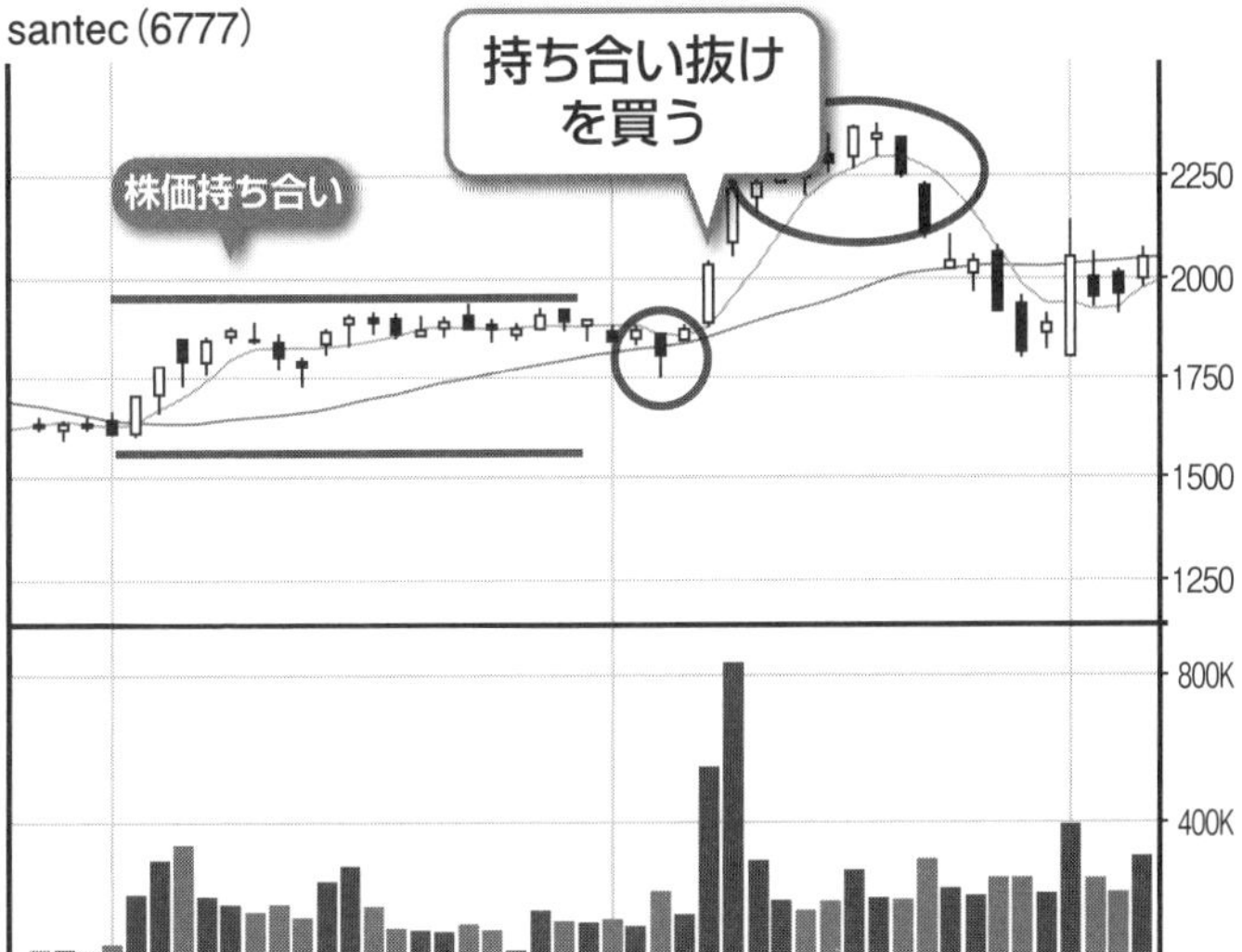

Look

動く銘柄だけを追うのではなく、「待ち伏せ」ができるようになれば、成果はより大きくなる！

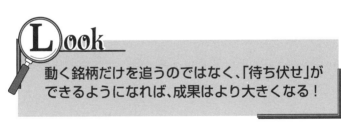

11 業績が悪くても人気の銘柄は買う

現在、デパートの業績はさえない。新型コロナウイルス感染症の影響で、個人消費の動きがイマイチだからだ。それでも、景気が上向いてきたときに必ず動くのは、消費関連の銘柄である。

なかでも、小売業関連の株価の動きからは、目が離せない。

たとえば、『三越伊勢丹ホールディングス（３０９９）』は、小型株ではないにしろ目が離せない銘柄の１つだ。『ローソン（２６５１）』『松屋（８２３７）』などは動き出すと速い。

業績が良くなってからでは、株の世界は遅い。

「経済が良くなれば、消費関連の銘柄は上がるはずだ」と先を読んで〝待ち伏せ〟するのも大切なことである。それができる人が人に先んじて儲けることができるのだ。

輸送関連も景気に敏感に反応する。景気が良くなれば、ものの動きが速くなるからだ。運輸はもちろん、自動車・海運・流通サービスの銘柄にも買いが入るようになる。当然、株価は上昇トレンドに入る。世界景気を反映する船賃である「BDI（バルチック）指数」も要注目だ。

このような流れを先読みすることが大きく儲けるコツである。「先んずれば人を制す」と言われるように、目先の利く投資家こそが勝利を手にすることが叶うのだ。

業績が悪くても上がる銘柄がある!?

◆業界の有名企業はやはり狙い目！

◎機械・食料品
北川鉄工所(6317)……自動車等の部品鋳造
日本甜菜製糖(2108)……ビート糖最大手
不二家(2211)……菓子大手

◎繊維
芦森工業(3526)……ホース最大手

◎不動産
平和不動産(8803)……証券取引所の大家

◎小売り
松屋(8237)……名門老舗百貨店

◎運輸
トナミホールディングス(9070)……路線トラック大手

◎海運
明治海運(9115)……バラ積み船

など

Look

掘り出しモノのなかに、おいしい銘柄が
転がっている可能性がある！

12 信用売買の厚みには注意せよ

株価に先高感が出てくると、真っ先に増えるのが「信用の買い」である。つれて「信用の売り」があとを追う。これで信用取引の厚みが出てくる。「まだ上がる」と考える人は「信用の買い」を入れる。「これは高すぎる」と考える人は「信用の売り」を入れる。

なぜか株価が上がると双方とも増えるのだ。株価に対する考え方の違いである。

じつは、この違いこそが株価形成になくてはならない要素なのだ。一方通行では相場が成立しない。結果、売り・買いともに同じような株数になり、信用倍率も「1」以下になることで〝思惑の激突〟が始まる。買いのほうは「まだ上がる」と買い増しし、「高すぎる」と考える人は売り上がる。最後は、いずれかが持ちこたえられなくなる——。急激な上げでは、「信用の買い戻し」の踏み上げがあり、天井をつける。下がれば、損切りで暴落だ。

株価はこのような信用取引のせめぎ合いで変化することが多いので、注意が必要である。

小型株で信用取引を行うときには、上げの当初に安易に売りを入れてはいけない。売るタイミングが早すぎるからだ。

逆に、下げ始めてからの買いも禁物！　やがて反対売買で大損するハメになるからだ。

株価の変動を形成する２つの考え方

◆ 信用取引の動向で株価は大きく動く！

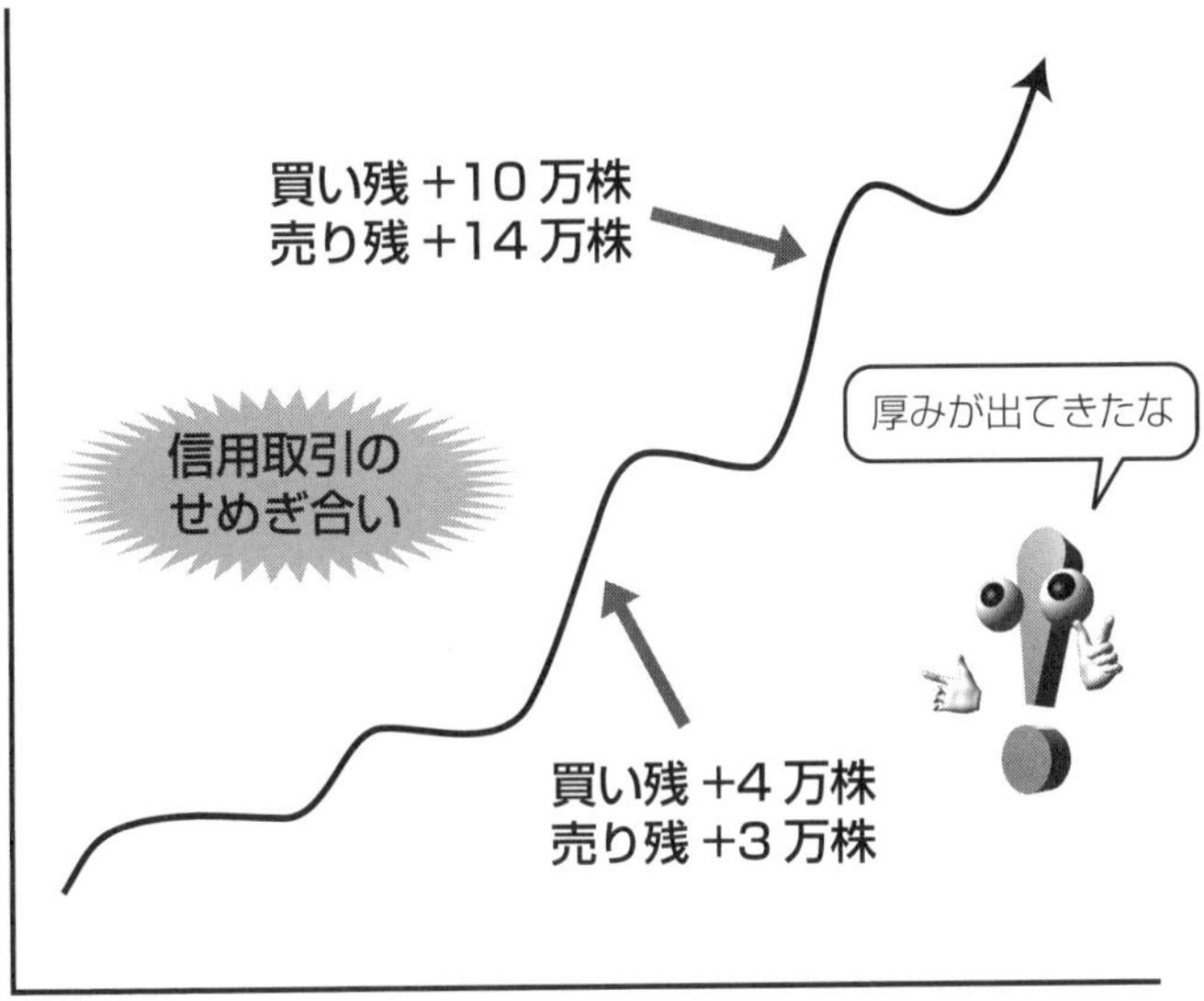

Look

株価の変動は、信用売買の厚みを形成するが、
いつかは「手仕舞い」で消滅する！

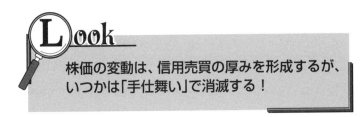

Column

【株の格言：その②】

「主婦が買い物カゴを片手に証券会社にくると、相場は終わり」

日頃、「株に興味が薄い」と言われる主婦までもが株に興味を持ち始めたら、「相場は天井に近い」ということ。

最近の主婦は、インターネット取引を積極的に行う。そういう意味では、この言葉（格言）は死語かもしれないが、1つの真実を示しているのは間違いないだろう。

「株式投資は儲かる」という風潮が世間に満ちあふれ、あまり投資に縁のない（今は若干違うが）主婦が、買物のついでに証券会社で株や債券を購入する頃は相場もピークを迎えており、あとは当分、下降線をたどる……??

今まであれだけ「株はダメだ」と連呼していた人たちが「そろそろやるか」という気持ちになって、みんなが始めたら「相場の危険信号だ!」という意味でもある。

現在では、いわゆる「マネー誌」「マネーサイト」が多数出版、公開されており、主婦も読んでいる。

今後は、現状の生活はもちろん、老後のときに備える資金確保の手段の1つとして、主婦の間でも投資が重要な位置を占めてくるようになるだろう。利率とインフレ率との差を考えれば、銀行預金や郵便貯金では資産の価値は目減りするばかりなのだから……。

3章

小型株を手掛けるときの注意点はコレだ！

1 日足のチャートをしっかり見る

株価の動きは、チャートにその特徴が出る。チャートはローソク足と移動平均線で成り立っているが、上げる銘柄の日足を見てみると、25日移動平均線に沿って次第高になっていくので、手掛けやすい。また、持ち合いの動きでは、ボックス圏での上値と下値の売買の繰り返しで勝負するのが得策である。

短期勝負の場合、週足では期間が長すぎて目先の動きがわからない。日足で見るのが良く、「下がってきたら買い、株価が反発して売却のチャンスがあれば即売る」といった確率重視の売買が成功につながる。つまり利益確定は小幅でも良いから、とにかく確実性を重視することが大切なのだ。その方が結果的に利幅のチャンスもある。

「確実に取れるときには取っておく！」——これが株式投資で成功するポイントである。それで利を着実に積み上げていくのだ。そのような投資スタンスを堅持しつつ、たまたま急騰株があれば早めに飛び乗って、あまり欲張らずに利益確定すれば良いだろう。

小型株は、少し売買のバランスが崩れると株価が急変するので、利益確定のチャンスは常にゲットしておくのが賢い投資手法なのである。

目先を見るならば日足で勝負！

◆ 短期勝負ならば日足だ！

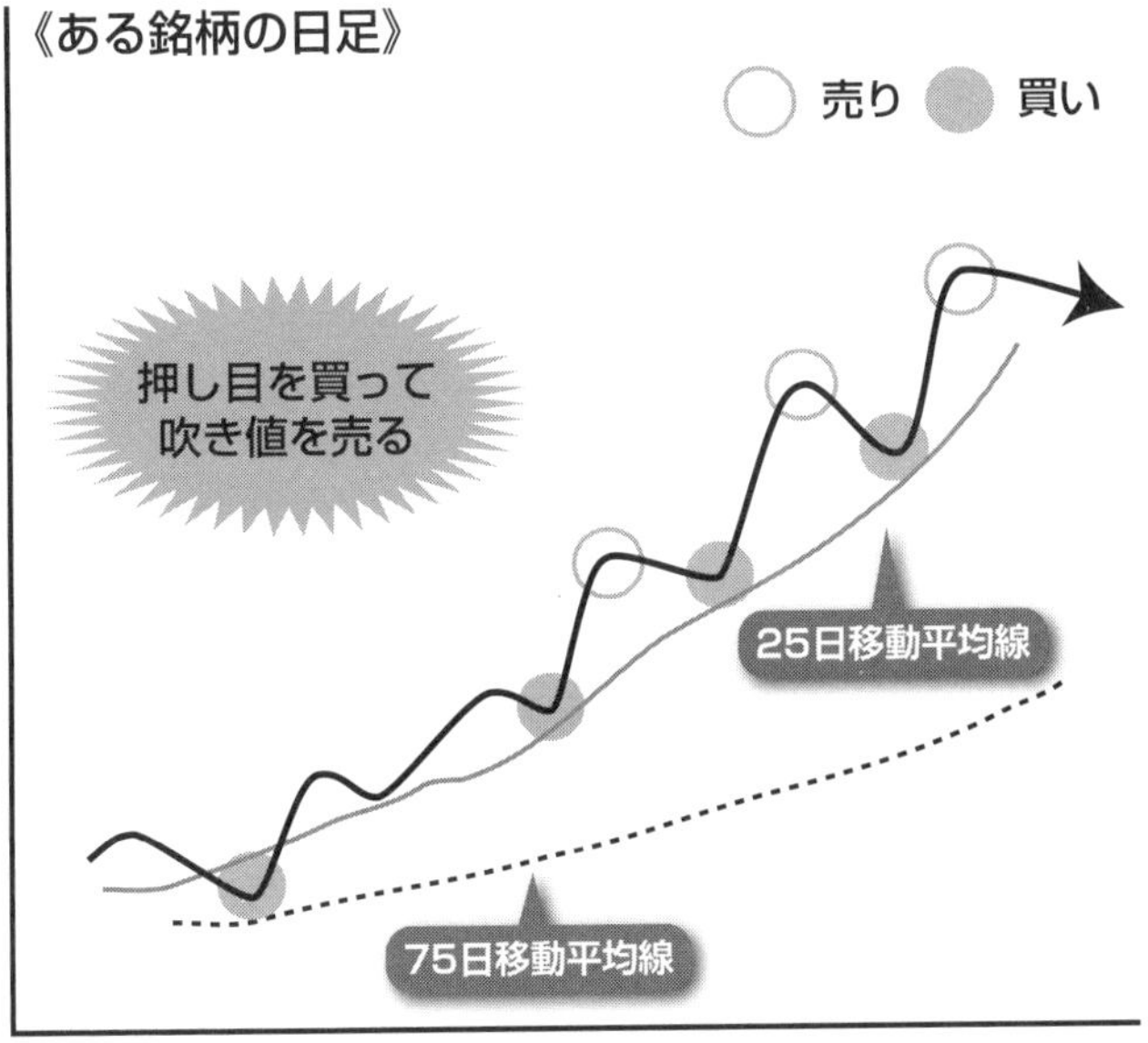

Look

小型株は動きが速いので、日足を
見ながらの小刻みな売買が求められる！

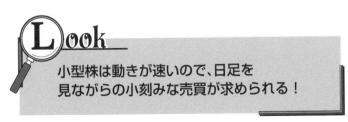

2 好材料が1つでもあれば上手く流れに乗る

株価材料でもっとも確実性があるのは、株価が上がることである。株価が上がる背景には必ずなんらかの理由が存在する。たとえ大したことでなくても……。

小型株が上値を追うときには、「上がるから買う、買うから上がる」という構図になる。

このような動きでは流れに上手く乗るしかない。

ただし、上値は誰にもわからないので、ある程度の利益が出た段階で利益確定をこまめにしていくことが肝要だ。確たる材料が明らかになったときには、押し目で買っても良い。

需給関係は株価の形成にもっとも大切な要素に違いないが、業績の上方修正や企業の提携話、新開発情報、あるいは大きな受注などがあれば、株価の位置が上に変わる。

これなら誰でも合点がいく。〝裏づけ〟が明確になるなら、「なるほど！」と投資家が理解できる材料があれば、上値は高くなっていくのが、一般的である。

これも天井はわからないが、値動きは大きくなりやすい。

今はトレンドが持ち合いであっても、好材料があれば「当面の下値を拾い、当面の上値を売る」という投資手法を繰り返してほしい。

好材料にはとくに敏感に反応する

◆ 小型株は材料に反応しやすい

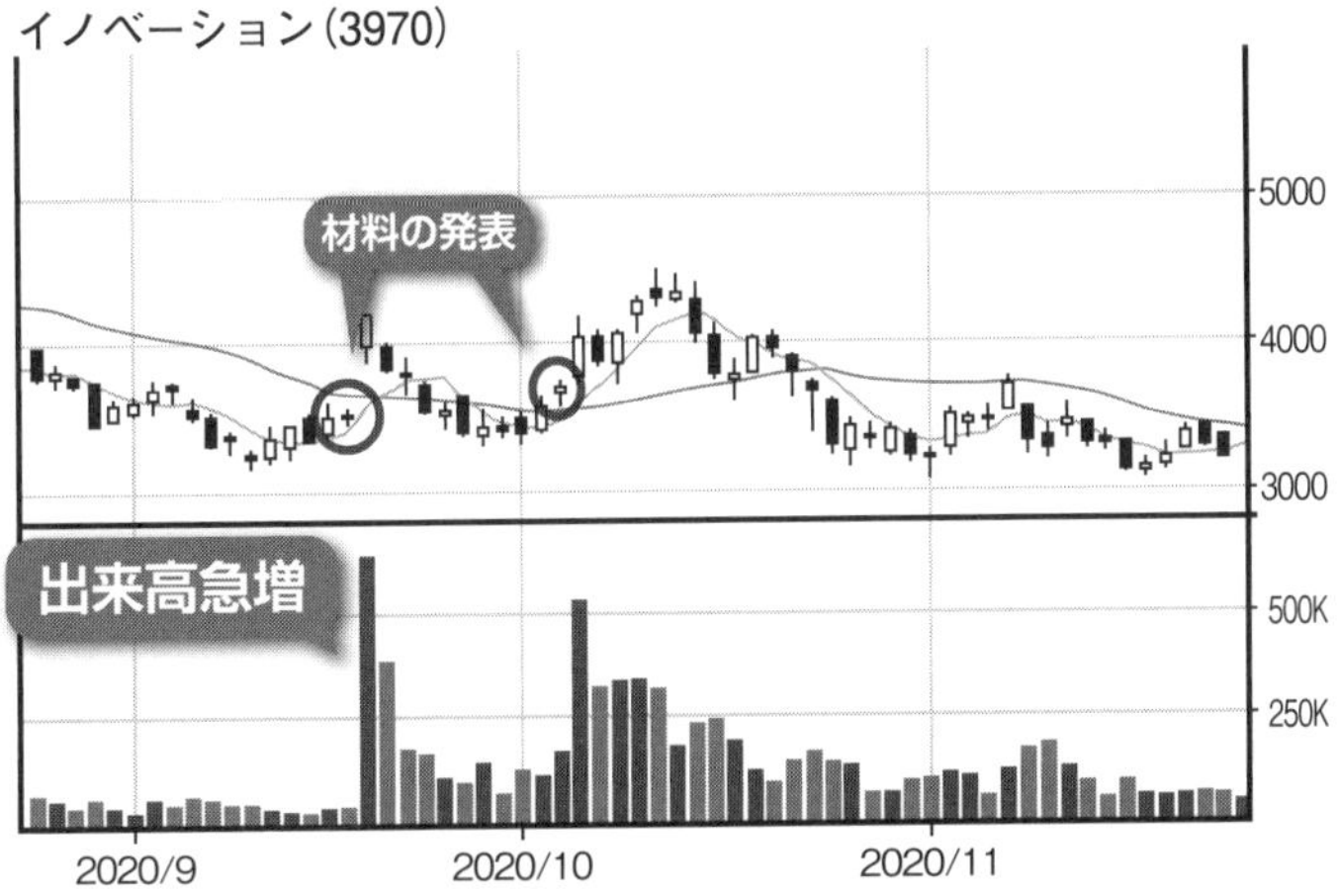

IT 製品比較・資料請求メディアの運営で知られる『イノベーション（3970)』は新型コロナウイルス感染症拡大の影響から2021 年 3 月期予想売上高を引き下げていたが、精査の結果、減少が最小限にとどまることを発表した。

Look

小型の銘柄は、1 つの材料が占める企業への業績寄与度が高いため、株価は急騰する！

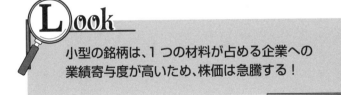

3 常に「テーマ性」ににらみをきかせる

株価が動くには、それなりの流れがある。その流れに上手く乗ることは、小型株で儲ける重要な投資スタンスになる。その1つとして「テーマ性」ににらみをきかせてほしい。

たとえば、2020年の東京オリンピック開催が決まった平成25年9月には、さまざまな施設やインフラの建設が必要になることは決定的であり、事実、真っ先に動いたのが建設株だ。

これは誰もが考えることであり、材料からそのまま連想された建設株という、ごく当たり前で、且つまっとうな企業を対象にして、「我先に」と株の奪い合いが始まったのだ。

個人投資家も、こうした大きな材料には乗らない手はないだろう。

少々古い話になるが、左ページに紹介した『熊谷組（1861）』も代表的な低位のゼネコン株として人気化した。チャートはそのときの動きを知るために、敢えて週足を使ったが、出来高増加と株価の上げは、じつに6週間に及んでいる。通常の好材料は長くても1週間だが、自国での夏季オリンピック開催ともなれば、途方もない投資が行われるので、建設関連には〝追い風〟となる。ちなみに、これから動く株はアメリカの民主党政権が力を入れる環境問題関連銘柄と見る。

「テーマ性」に関する銘柄は動きやすい

熊谷組（1861）

◆ 2020 年東京オリンピック決定で上げたのち……

Look

時代の「テーマ性」は、
小型株や低位株では、絶好の材料だ！

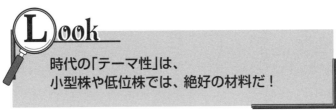

4 業績の上方修正を素早くキャッチせよ

株価の勢いがつく最大の要因は、業績の上方修正である。

問題は、この情報をどの時点で入手するかだ。

企業発表や日経新聞などの報道段階では、株価の上げに追随するタイミングしか残されていない。その時点での買いは、高値つかみになってしまう恐れがある。

そこで、ある銘柄に絞って、自らの情報収集が必要になる。国内の機関投資家も外国人投資家も、ターゲットにする企業調査は〝緻密〟に行っている。大半はメディア発表前に情報をつかんでいるため、個人投資家が入手した時点で買うのでは遅すぎるのだ。

対策の一例としては、「自分の立場で知り得る情報を駆使する」「小売業ならば、店先などを常にチェックして活気があるのか否かなどを確認する」ことが挙げられる。

そのほかにも、特定の商品が企業にどの程度のインパクトを与えるかを押さえておくことも大切だ。ただ、商品の売れ行きが良くても、企業の事業に占める比率が低ければ、業績アップに大きくつながる可能性は低いので株価に及ぼす影響も少ないと考えなければならない。

業績に関する情報入手は、自分なりのスタンスをきちんと持っておきたいものだ。

上方修正と株価の関係は……？

◆ 上方修正に株価は大きく反応する！

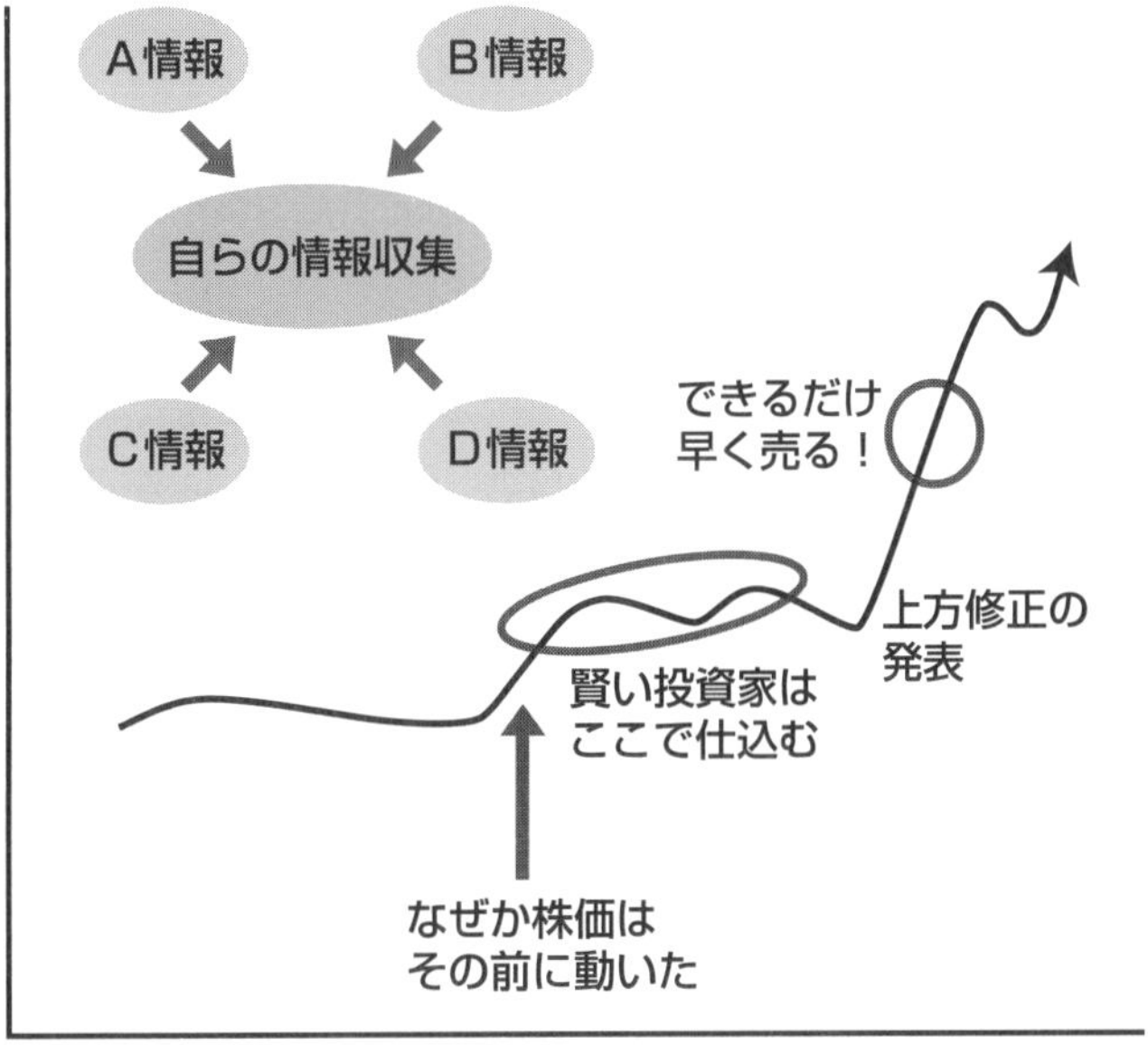

A情報
B情報
自らの情報収集
C情報
D情報
できるだけ
早く売る！
上方修正の

賢い投資家は
ここで仕込む
なぜか株価は
その前に動いた

Look

業績の上方修正と株価は密接な関係にある。
情報発表時点では遅すぎる！

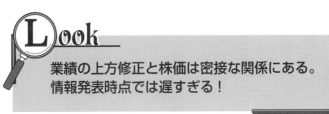

5 「PER」を参考に割安銘柄を買うのも良い

いかなる材料があり、人気が出ても、株価にはおのずと上値の限界がある。「青天井だ」「まだまだ上がる」などという市場の〝掛け声〟は、利益確定のための戦略でしかない。それにうっかり乗れば、高値つかみの悲哀をなめることになる……用心すべし！

そこで、その銘柄の株価が妥当か否かを見るには「PER（株価収益率）」を参考にする。「PER」は、株価を1株利益で割った数値で、今の株価が割安か割高かを判断する際に活用する。一般的に割安銘柄は「PERが5～10倍（普通は15～20倍）」である。60倍以上ならば高すぎる。この時点では人気は絶好調だが、リスクが大きくなる。

かつての大化け銘柄である『ソフトバンク（9984）』は、「PER」が一時2000倍にもなったが、そんな割高な水準でも、3000～4000倍の声が掛かった。結果的には、2桁台に落ち着き、その後は2000円台で長期に低迷したのである。

こうした実情から考察すると、「PER」のデータは、必ず頭に入れて買い、利益確定をしなければならない。「PER」が大きいのは先高期待が大きいためだが、人気先行に実態が追いつかないとか、期待を裏切ることになれば、その反動は無惨なほどの下げをもたらす。

「PER」の数値は株価の目安

◆「PER（株価収益率）」の数値は
株価の割高・割安を表す！

◎投資する（一般的な）銘柄の「PER」は？

5倍以下	……出遅れ銘柄
5～10倍	……割安銘柄
15～20倍	……普通の銘柄
60～200倍	……割高

Look

小型株投資では、常に割安銘柄を物色する。
それが利益を得る基本だ！

6 「ＰＢＲ」が割安な銘柄への着目も必要

株価に対するもう1つのモノサシとして、「ＰＢＲ（株価純資産倍率）」と呼ばれる指数がある。これは1株あたりの純資産に対して、今の株価がどの程度の水準にあるかを示すものだ。たとえば、1株あたりの純資産が５００円であれば、株価５００円なら1倍となり、４００円ならば０・8倍だ。１０００円の場合は2倍となる。

人気化すると、純資産の2倍以上で買われることも多々あるが、この数字が大きくなると割高と判断する人が多くなり、利益確定に動くのが、一般的だ。

逆に、０・5倍というような人気圏外の株はひそかに買われる。

賢い買い方は、人気絶頂の銘柄（割高銘柄）ではなく、割安で企業業績も上向きの銘柄を狙うことだ。この投資スタンスをきちんと守っていれば、高値つかみやババつかみは明らかに減少する。小型株は人気化すると、〝棒上げ〟が一般的なので「ＰＢＲ」はとんでもない数値になることがある。この数値を冷静に見ていれば、いきすぎた株価に飛びつくことはない。

小型株投資を行ううえでは、いかなる人気銘柄でも、「ＰＢＲ」のデータは忘れないで注視しておくことが肝要だ。

「PBR」の出遅れ銘柄を狙う

◆「PBR（株価純資産倍率）」の何倍まで買われたかは重要な目安になる！

1倍以下は割安

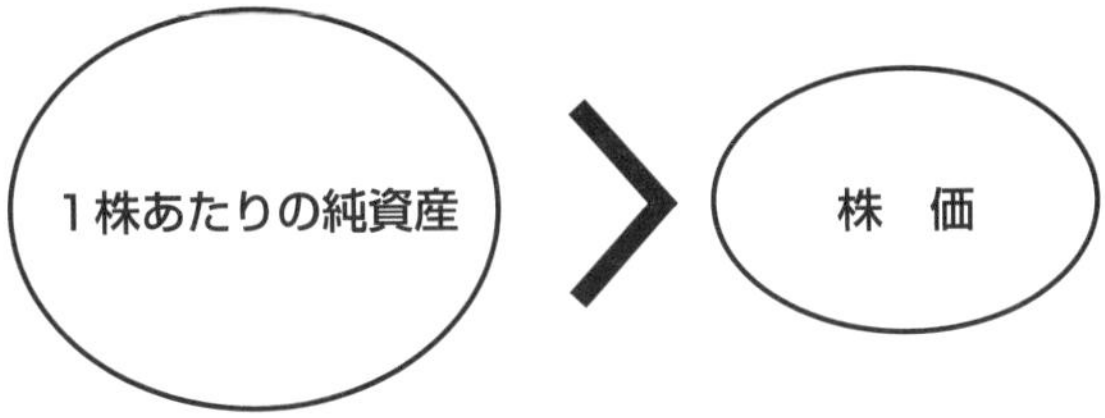

3倍以上は人気があるが割高である

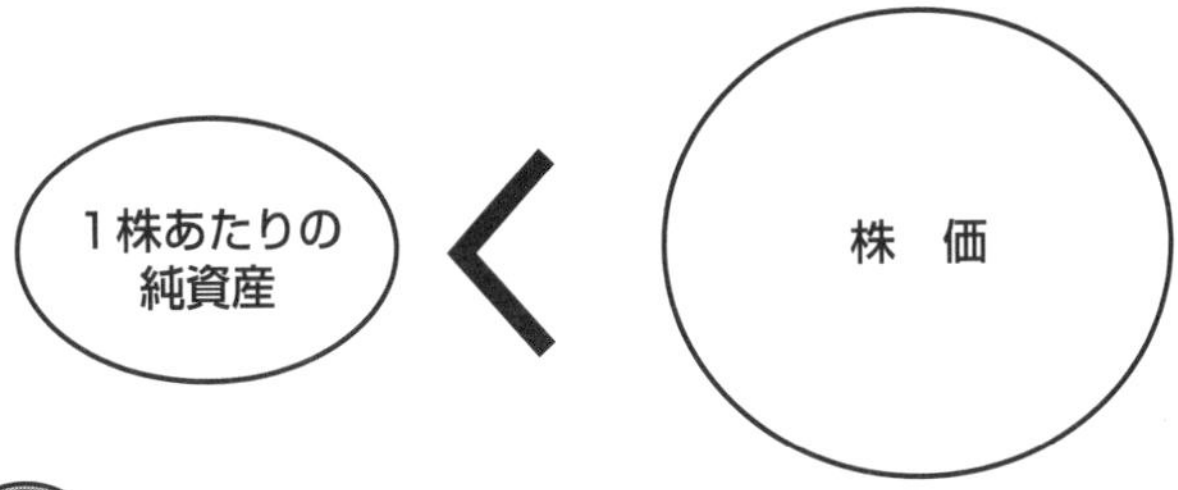

Look

小型株は人気化すると、企業の解散価値を大幅に上回るので要注意！

7 出来高の少ない銘柄は「指し値注文」で！

「これは良い！」という銘柄が見つかった場合、個人投資家は「早く買わなければ……」という気持ちが先走り、「成り行き」での注文を出す。だが、出来高が少ない場合は、「成り行き」での買いは危険である可能性が高い。

売買株数の少ないときには、高値での売り待ちの「指し値」がある。うっかり「成り行き」の買いを出せば、それにはまってとんでもない高値で買ってしまうことになる。「後悔先に立たず」――。あとからいくら悔やんだところで、もう遅い！

失敗を繰り返さないためには、時間は若干掛かるが、「指し値」での買い注文が賢明だ。買いさえ成功すれば、利益確定のチャンスが多くなるので、その時点で利益が約束されたに等しい。買値で有利な立場に立てば、その後の上げの〝波動〟のなかで多くの利幅が取れる可能性も格段に高くなる。

これは見込み違いで、損切りするときも同様だ。あわてて「成り行き」の売りを出すととんでもなく低い株価で売ることになる。くれぐれも売買注文は慎重に行ってもらいたい。

ただし、出来高が20～30万株以上あれば、「成り行き」でも問題はないだろう。

出来高の少ない銘柄は「指し値」で勝負

◆ 小型株は少しの売買で株価が動くので要注意！

通常の出来高 —— 6000 株

↓

これに 2000 株の「成り行き買い」を
入れるのは危険 !!

20〜30 万株の出来高であれば、
「成り行き」でも問題ナシ

Look

値動きの華やかさに踊らされない。出来高が少ないときは「指し値」での売買が賢明！

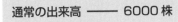

8 出来高が急増したら「成り行き注文」で！

先に述べたように、小型株の売買では「指し値」が基本だが、相場の状況によっては「成り行き」が有効なときもある。出来高が急増しているときだ。

高値では売り・買いともに増えるので、上がっているときも下がり出したときも、タイミングを見て「成り行き」での利益確定や売り逃げをしなければならない。

信用取引を手掛けているのならば、売り決め・買い戻しでは、出来高を見ながら売買成立の可能性が高い「成り行き」での売買を行うのが〝常道〟だ。

一般的に小型の銘柄は、売買出来高が低水準であるが、人気化したときには、出来高は何十万株以上になる。気配値を見て、売り・買いともに厚みがあり、しかも注文の株価が1円や5円、10円単位で連続していれば、「成り行き」で注文しても、余程の大量の株数でなければ、極端な株価での売買が成立することはない。

できるだけ有利に売買したいときには、気配値を見ながら、待ち伏せで「指し値買い」「指し値売り」を行うのが賢明だ。ただ、小型株の気配値は急変する可能性があるので、あまりに細かい株価にこだわるとタイミングを逸する。そういうときは「成り行き」が有効だ。

出来高急増場面は「成り行き」で勝負

◆ 人気化した銘柄の押し目での買いは
「成り行き」でもかまわない！

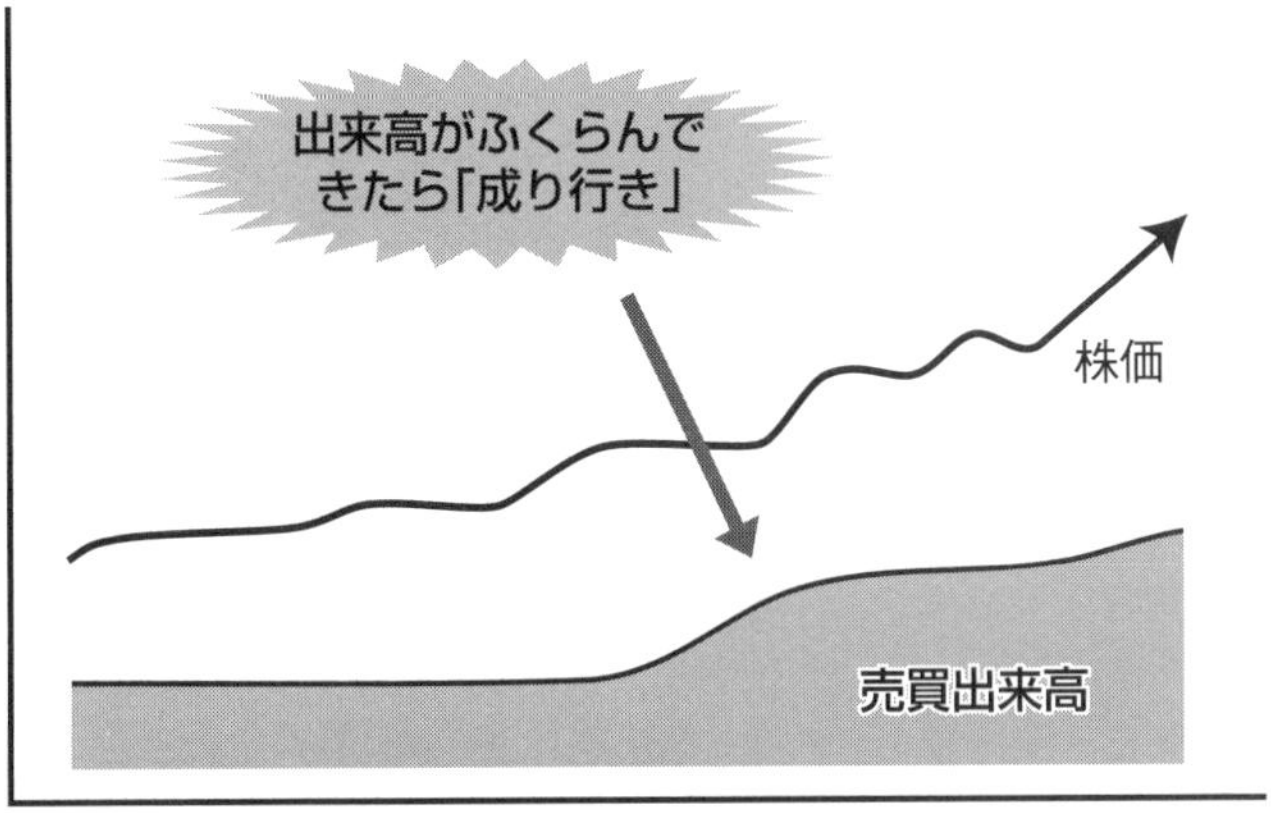

Look

小型の銘柄でも人気化すると、出来高は
急に増えるので「成り行き」も有効だ！

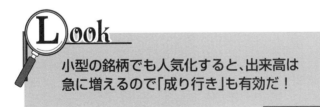

9 高値の〝悪魔〟に惑わされて買うべからず

小型株は、ときに急騰し、押し目を見せないで、陽線続きで上げることがある。

こういう相場では、「そのうち押し目があるだろう」などと悠長にかまえていると、何倍もの株価になってしまうことがある。

かつての『ミクシィ（２１２１）』や、最近では『ニチダイ（６４６７）』が、それだ。

このような株価の動きを見ていると、「これはとんでもない株価に化けそうだ。早く乗らなければ……」という焦燥感が出てくるが、こうした動きは、多くの個人投資家が買い出動に出た段階では、当面の天井になる。押し目のあとで若干の反発があっても、たかがしれている。

こういう動きは仕手株に多いが、「知ったらおしまい」の格言通りで、最初に仕込んだ筋や投資家はすでに売り逃げている。あとは高値で買った投資家の綱引きが残っているだけだ。

くれぐれもこのような株に手を出すのは禁物！　これまでの利益が、魔がさした高値買いの取引で一気に吹っ飛んでしまう。株価は、ある面では理論的な動きをするが、理論を無視した思惑だけで動くケースも多い。仕手筋などが〝作為的な〟相場を演出したときである。

これはまさにギャンブルである。無謀すぎる危険な賭けは絶対にすべきではない。

高値には絶対に飛びつかない！

◆ あまりに危険な賭けは地獄を見る！

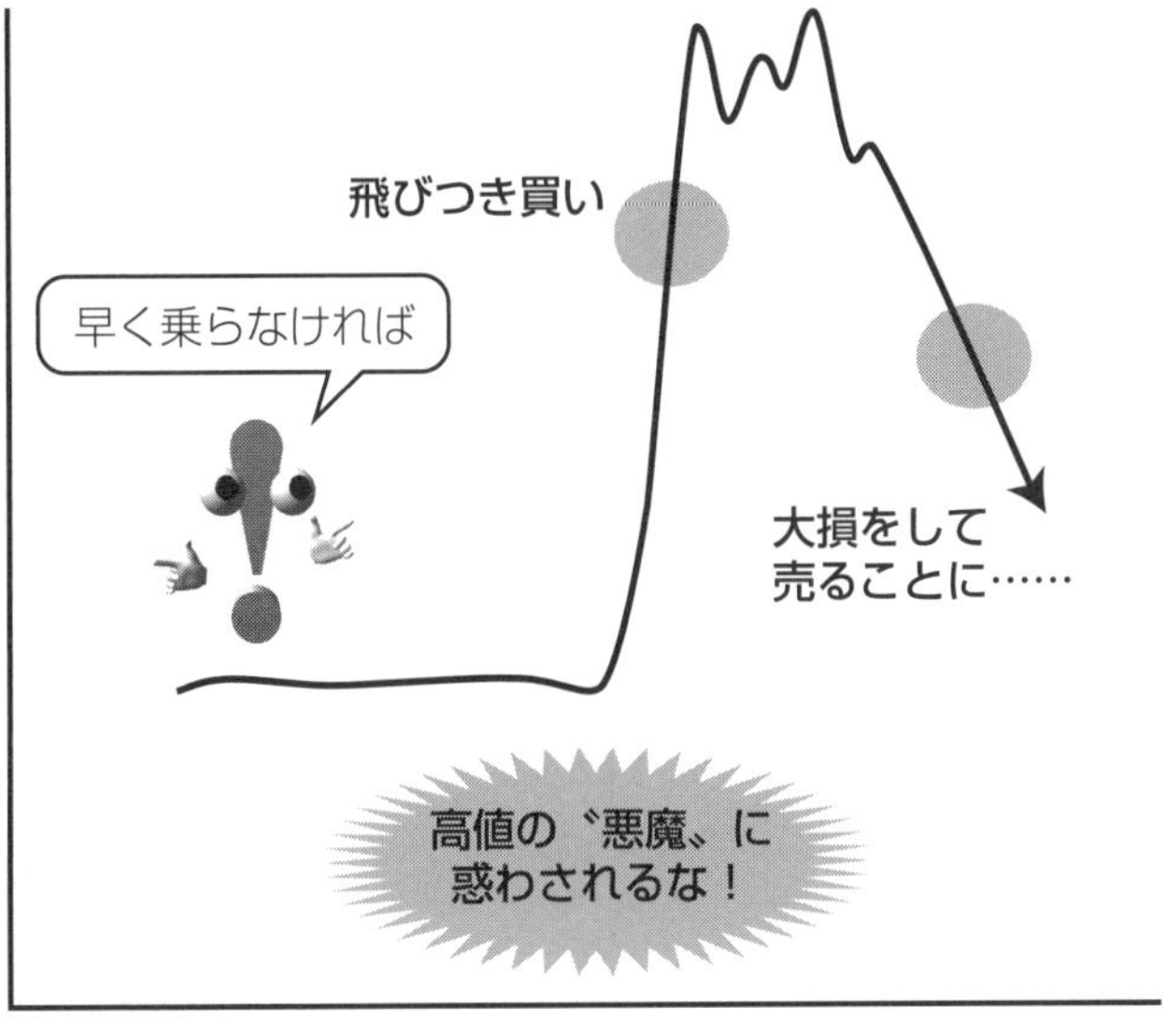

Look

個人投資家は、人気銘柄に飛び乗り、急落場面での売りが遅れて大損することが多い！

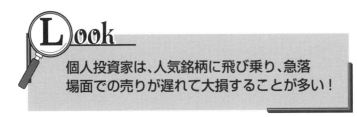

10 見込み違いは素早く逃げる決断を！

株価の動きは、予測通りにはいかないものだ。むしろ、それが相場というもの。すべてが予想通りになれば、儲ける人はいなくなる。損する人もいなくなる。

問題は、「これは上がる！」と確信して買ったにもかかわらず、意に反して大きく下げてきたときである。そんなときに「そのうち、きっと上がるだろう」などと指をくわえて眺めていると、さらに下げてしまい、損失だけがどんどん拡大していく。

一般的には、「買ってから10％下げたら投げろ！」などと言われるが、そこまでのんびりしていてはいけない。もっと早めに損切りするのが賢い売り方だ。

「株式投資では損は少なく、儲けは多く」——これが鉄則である。

失敗の銘柄を塩づけにするのだけは絶対に避けなければならない。たとえ多少の損はしても、その資金で有望な銘柄に乗り換えたほうが、はるかに得策である。

大切な資金を投入しても、買ったあとは相場に任せるしかないだろう。

したがって、ムードに乗ったような買いは避けるべし！「あわてる」という行動のウラには「儲けたい焦り」が見え隠れするものだが……焦りこそ相場では〝大敵〟になる。

株価の動きがおかしいときは？

◆ **株価の先行きは完全には予測不可能！**

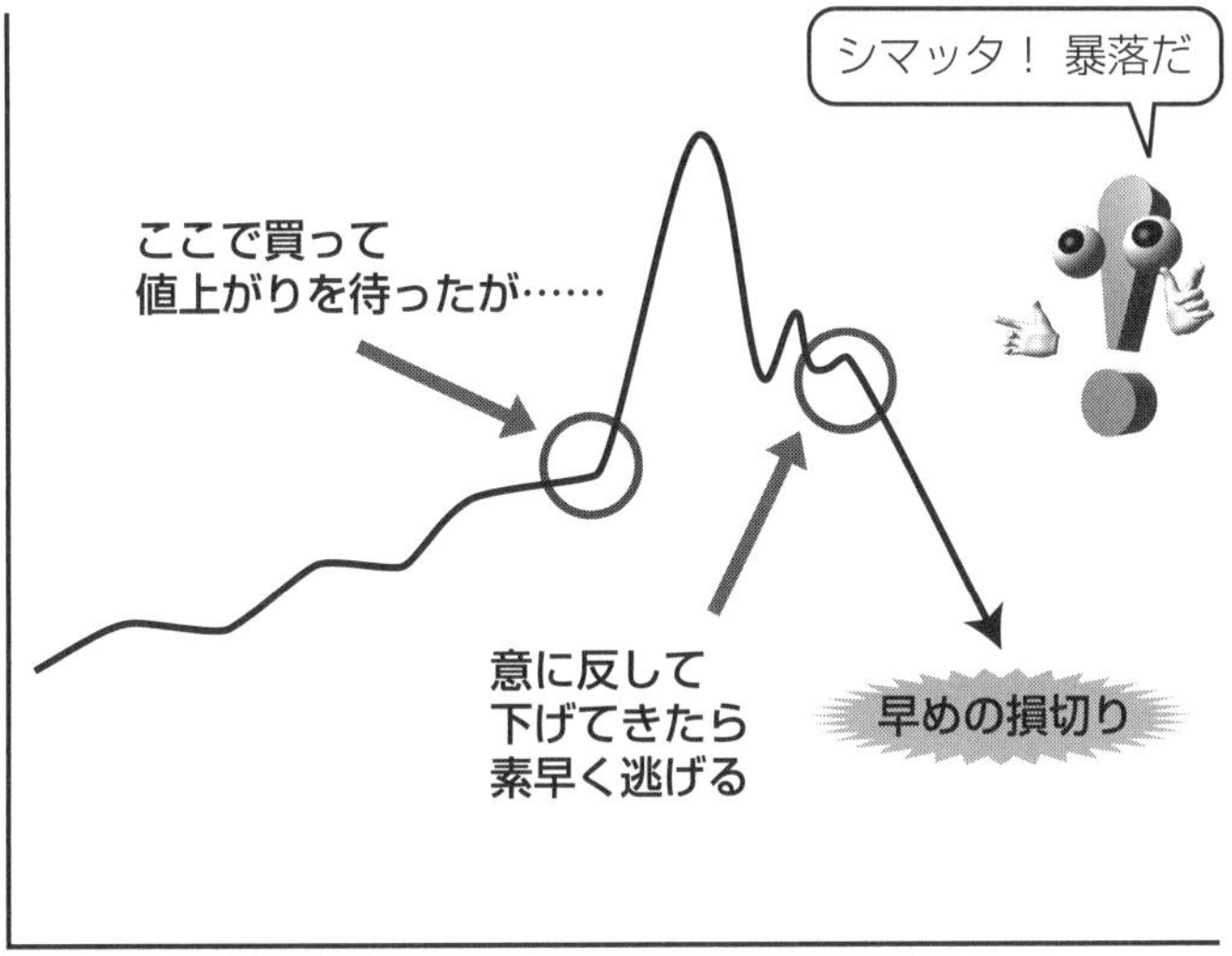

シマッタ！ 暴落だ
ここで買って
値上がりを待ったが……
意に反して
下げてきたら
素早く逃げる
早めの損切り

Look

株価はさまざまな要因で動くので、見込み違いになるときも……。そのときは急いで逃げよ！

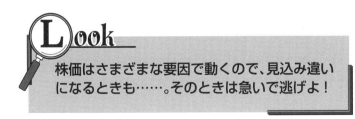

Column

【株の格言：その③】

「待てば海路の日和あり」

株式投資では、不安ばかりを持たないで、じっくり行うことが大切であるということ。

これは、よく株式投資の世界で言われる格言の１つだ。どんなに悪いことがあっても、しばらく待てば事態は好転するものである。また、そう思わなければ生きていけないのが、人生というもの。

たとえ相場で痛い目に遭ったとしても、ジッと我慢していれば、いつかは取り戻せる。ただ、小型株に関しては、そんなにのんびりしていられない。小型株も景気の影響を受けるが、それより材料で大きく動くのが、小型株の１つの特徴だ。

長期的に見れば、景気には波があり、一番周期が長い「コンドラチェフの理論」で60年周期だ。1929年に始まった大恐慌のあと、世界の経済は驚異的な回復と上昇を見せ、現代の社会となっている。

日本国内の景気の動きにしても、長い目で見ると、鍋底景気や神武景気……オリンピック景気に第一次・二次オイルショック、80年末から90年前半にかけてのバブル景気というように、経済の流れには好不況の波があった。

今、新型コロナウイルス感染症の感染拡大の影響で経済は傷ついているが、逆に考えれば仕込みのチャンスだ！

小型株に多い仕手系の銘柄の見分け方

4章

1 常連の銘柄は抜かりなく見張っておく

小型株には、とかく仕手系の銘柄が多い。さらに、新たに仕手系の銘柄に仕立て上げられる可能性のある銘柄も極めて多い。

小型株は、仕手株の宝庫なのだが、仕手株の〝正体〟を知らずして仕手株を手掛けることは危険極まりない。東証一部だけでも小型株の仕手系の銘柄は『極洋』『住石ホールディングス』『安藤ハザマ』『ナカノフドー建設』『日本配合飼料（現・フィード・ワン）』『イチカワ』……いくらでもある。これらの銘柄はタイミングをはかりながら、順番に動き出す。ゆえに、過去のチャートを見ながら6カ月くらいの間隔で出来高を見張っているとおもしろい。

常連の仕手株は情報操作が簡単にできる。ことさら宣伝しなくても、動き出しただけでそれが材料になるからだ。過去の経験が投資家の頭のなかにあるので、「提灯買い」がドッと流れ込んでくるのである。

「買うから上がる、上がるから買う」の循環になるわけだ。

手掛けやすい常連の銘柄は、しっかりと見張っておいて、後れをとらないで仕込み、早めに逃げる——。これが賢く儲ける秘訣である。

仕手株の常連に目を光らせよ！

◆仕手株にはいつも動く銘柄があるので、その動きを追っていくのが良い！

日本ペイントホールディングス（4612）ニチリン（5184）データリンクス（2145）音通（7647）菊池製作所（3444）RSC（4664）ストライダーズ（9816）ラウンドワン（4680）コロプラ（3668）日本冶金工業（5480）省電舎ホールディングス（1711）石垣食品（2901）大黒屋ホールディングス（6993）アジア開発キャピタル（9318）新光電気工業（6967）アルファグループ（3322）アスカネット（2438）アイフラッグ（2759）チタン工業（4098）免疫生物研究所（4570）ユーグレナ（2931）ストリームメディアコーポレーション（4772）メディネット（2370）オーイズミ（6428）ガンホー・オンライン・エンターテイメント（3765）モルフォ（3653）トーエル（3361）ユナイテッド（2497）ホロン（7748）セガサミーホールディングス（6460）澁谷工業（6340）グリー（3632）フィスコ（3807）日本カーバイド工業（4064）アルデプロ（8925）ケネディクス（4321）……など

※ただし、これらの銘柄は推奨するものではない

Look

仕手系の銘柄は多々あるので、それぞれの動きを見ていくことで、売買タイミングをはかる！

2 インターネットの掲示板が賑やかになる

インターネットには、仕手系の銘柄を好んで売買し、その成果を自慢し合っている株式掲示板がある。「仕手株掲示板」というキーワードでいくつかの検索サイトを探ると、その手の掲示板が出てくるので、覗いてみるのも良いだろう。

ただし、注意しなければならないのは、仕手株の掲示板でも、普通の掲示板でも、「情報は玉石混淆《ぎょくせきこんこう》だ」ということだ。「○○銘柄に注目！」「急騰期待○○！」などと記載があっても、額面通りには受け取れない。「上がってほしい。上げたい」という期待を込めて書かれている場合が多いからだ。記載通りに上がるケースも稀にあるが、そこが天井のときもある。

確率は、半々ならば上々だろう。

インターネットの掲示板は、どのような銘柄が動いているかを眺めるために活用するのがベストだ。その情報をすぐさま買いの行動につなげてはいけない。大切な資金なので十分な裏づけを確認し、過去のチャートなどもチェックして、抜かりなきようにしてほしい。

再度忠告するが、株式投資でもっとも怖いのは〝情報操作〟に乗せられることである。

仕手株が動くと掲示板が騒がしい

◆ ある銘柄のインターネット掲示板

「○○に注目せよ！」

「いよいよ動く。上値は高い！」

「急騰期待の○○」

「今のうちだ」

「ここで買わないと、売り切れになるよ」

Look

仕手株と見られる銘柄の掲示板を見ると、
その筋や会員からと見られる記載が目立つ！

3 仕手筋から「株価目標」が宣伝される

仕手株でお決まりなのは、ある銘柄を仕掛けるときには、その〝筋〟の会員に対して、必ず「株価目標」が発表されることだ。

かつての仕手株に『日東化学工業（現在は『三菱レイヨン』に吸収合併）』があったが、株価は100円台～1500円程度まで一気に上がった。「○○の会」の機関紙では「目標2000円」とも「目標3000円」とも発表された。1500円程度で買った人も多かったが、最終的には200円台に落ちた。仕手株の値動きの典型例だ。

私の知人も1500円で買い、3000円を信じて疑わなかった……が、多くの人が1500円で買うということは、「仕手筋はもう売った」ということでもある。

仕手系の銘柄でささやかれる「株価目標」は、高く買わせて売り逃げるための作戦である。これに乗ると恐ろしいほどの大ケガをするので注意！

「株価目標」は、仕手筋だけのものではない。証券会社の「株価目標」や「レーティング」も、上客の売り抜けのために使われることがある（証券会社は否定するだろうが）。あまり信じてはならない。ある面では、「株の世界は騙し合いで成り立っている」と言えるだろう。

「株価目標」にはとかく用心せよ！

◆ 仕手株では「株価目標」が宣伝されるが……

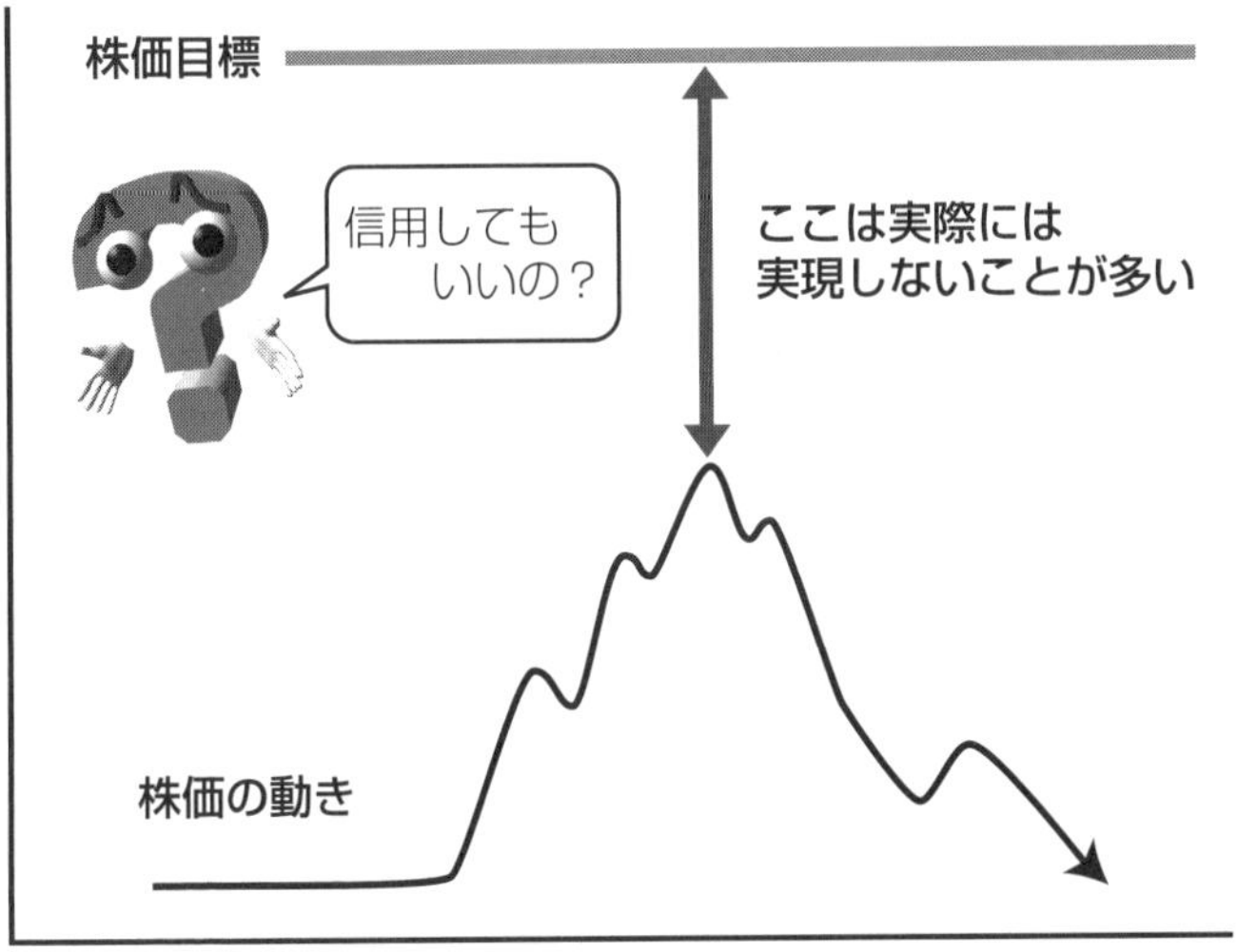

信用しても
いいの？
ここは実際には
実現しないことが多い
株価の動き

Look

仕手筋からと見られる「株価目標」は、“本尊”が売り逃げるために設定された可能性大！

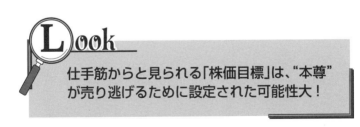

4 「○○筋が手掛ける」という噂が流布する

仕手株であるか否かは、インターネットで情報をつぶさに見ていればわかる。ある銘柄が上がってきたときに、それが仕手筋の仕掛けであれば〝教え魔〟とも言うべき仕手筋の会員がインターネットの掲示板などに記載するからだ。

最初はコードナンバーを隠したり、「15○○」などという謎解きの形で情報を流したりする。株価が下がり、「振るい落とし（仕手筋が追随買いの株を売らせるために意図的に株価を下げること）」などの局面では、すでに買っている仕手筋の会員が「今は買いチャンス！」というような形で、自らの不安解消のために記載を行うことが多い。

他方、ある仕手株に「提灯買い」が思うようにつかないときには、仕手筋の人間が、さりげなく「仕手本命！」というような記載を、複数のハンドルネームを使って掲示板に流す。

このような銘柄は、往々にして「仕手株」と捉えて間違いないが、安易にその銘柄に手を出すのは危険だ。高値をつかまされるからである。

もし、それらしき情報があったら、株価の位置や出来高などを十分に分析・検証したうえで、慎重に動かなければならない。

噂がどんどん出てくるのが一般的

◆ 仕手系の銘柄を動かすための作戦は……？

掲示板情報

＊＊＊＊＊＊＊＊＊＊＊＊＊＊

「いよいよ動く！」


「○○銘柄に仕手筋介入。要注目！」

「私はすでに買った」

「まだ、間に合うぞ」

Look

仕手筋は、その銘柄を買い集めたあとで、株価をつり上げるための宣伝を行うのが常道だ！

5 全体相場の調整局面で動き出すことも多い

一般に仕手株はいつの時点でも動いているが、全体相場の上昇局面ではさまざまな材料株が急騰するので、仕手株の動きは目立ちにくい。

仕手筋が仕掛けてくるタイミングは、商いが閑散で、全体の株価が調整局面のときが比較的多い傾向が見られる。これといった〝妙味〟のある銘柄がないので、仕手系の銘柄の動きが目立ち、「提灯買い」が集まりやすいからである。

これといった妙味のある銘柄がないときには、一本杉のような派手な動きをする銘柄に資金が集まりやすい。このほうが相場を形成するための労力が少なくてすむ。

もちろん、毎日の売買出来高が20億~30億株を超すような市場のボリュームがあるときにも、仕手株は活発に形成される。投資家の資金が市場に多く流れ込んでくるが、仕手株以外の銘柄がいかに上がろうと、仕手株好きの資金は流れてくるからだ。

本書を執筆している時点では、『鈴与シンワート（９３６０）』がストップ高・ストップ安を頻繁に繰り返しながら、仕手株特有の目立った動きをしている……。

全体相場が閑散なときに目立つ

◆ 仕手株は常に活動している。出来高が多くなれば対象銘柄も多くなるが、閑散なときほど目立つ！

全体相場が活況なとき

↓

多くの仕手株が動く

全体相場が閑散なとき

↓

絞り込まれた銘柄で仕手筋が動く

Look

仕手株は仕手筋の計画で動くので、市場の出来高にはあまり関係なく仕掛けられる！

6 成功すると次から次に仕手株は動き出す

仕手株の動きの特徴のひとつは、ある銘柄の仕上げに成功すると、資金に余力が出てくるので、予定していた以外の銘柄の仕上げにも次から次へと資金が動くことだ。

そうなると、意図的につり上げられる銘柄数が多くなるので、投資のチャンスも多くなる。まさに「仕手系」と言われる銘柄が〝総上げ〟の様相になるわけだ。

たとえば、仕手筋が動いていなくても、仕手株として名高い銘柄が個人投資家の買いによって勝手に動き始め、相場を形成していくのである。

その後は、仕手系の銘柄は意図的な株価操作の段階をこえて「需給相場」になっていく。仕手本尊が仕掛けているか否かなどは関係なく株価が動いてしまい、「仕手筋もビックリ！」という状況に陥る。

こうした状況に陥ると……「動く株は良い株だ」とばかりに資金がどんどん入ってくるので、小型の銘柄も総じて上がり始める。買いが買いを呼ぶ状態だ。

このようなときには、出遅れの小型株を買って、売りのタイミングを待ち伏せすれば、それなりの利幅が獲得できるだろう。

仕手株は回転が効くと増える

◆ 仕手筋も資金が必要！

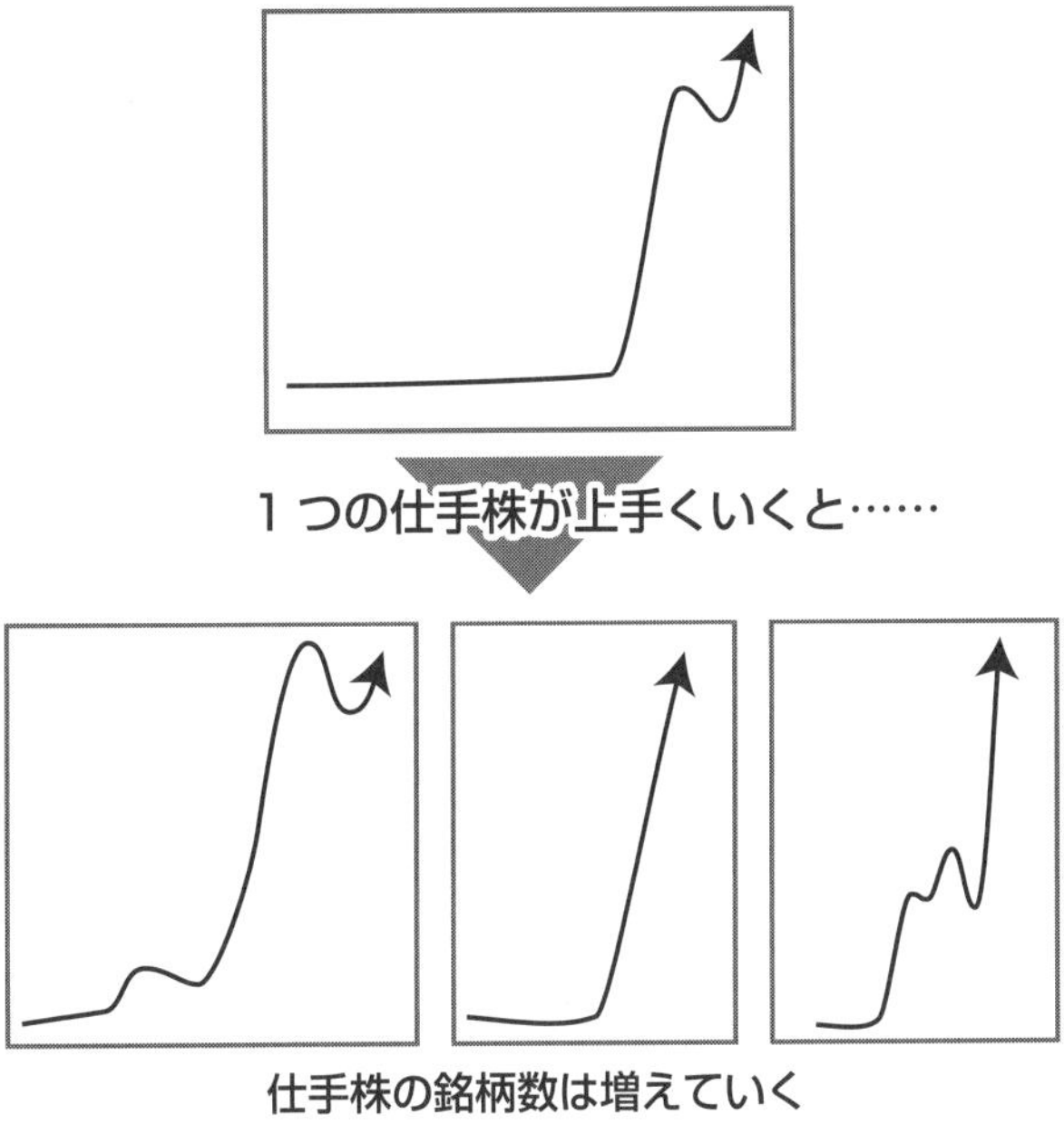
1つの仕手株が上手くいくと……
仕手株の銘柄数は増えていく

Look

仕手筋が仕掛ける仕手戦も上手くいくときと、そうでないときがあるので見極めが重要！

7 本物の仕手株はいったい……どれだ？

仕手株もどきの銘柄がどんどん上がり始めると、本物の仕手株か否かの見分けが、非常につきにくくなる。そのようなときには、資金が分散されるので、株価が5〜6倍にもなる銘柄は出にくい傾向が見受けられる。

それでも仕手系の銘柄は、さまざまな仕手株もどきの銘柄が動けば動くほど、「存在感を明確にしたい！」という考えにかられるので、「仕手本命」という情報が流される。

結果、仕手株の本命であることが明確になるのだ。

たとえば、２０２０年9月以降、それまでとは明らかに異なる様相を呈して派手に動いている『鈴与シンワート（９３６０）』のヤフー掲示板には、以下のような記載が書き込まれていた。

【スペースシャトルに乗れた人、いいなぁ。やっぱり株って夢がある。ここはデジタルど本命】

これが本物の仕手筋の〝メッセージ〟か否かは、その後の記載を追えばわかる。株価が変動するたびに、「〇〇本調子！」「まだまだ上値アリ！」などと情報が次々に変わるからだ。

本物の仕手株をいかに見分ける？

◆ 仕手株はベールに包まれたほうが良い！

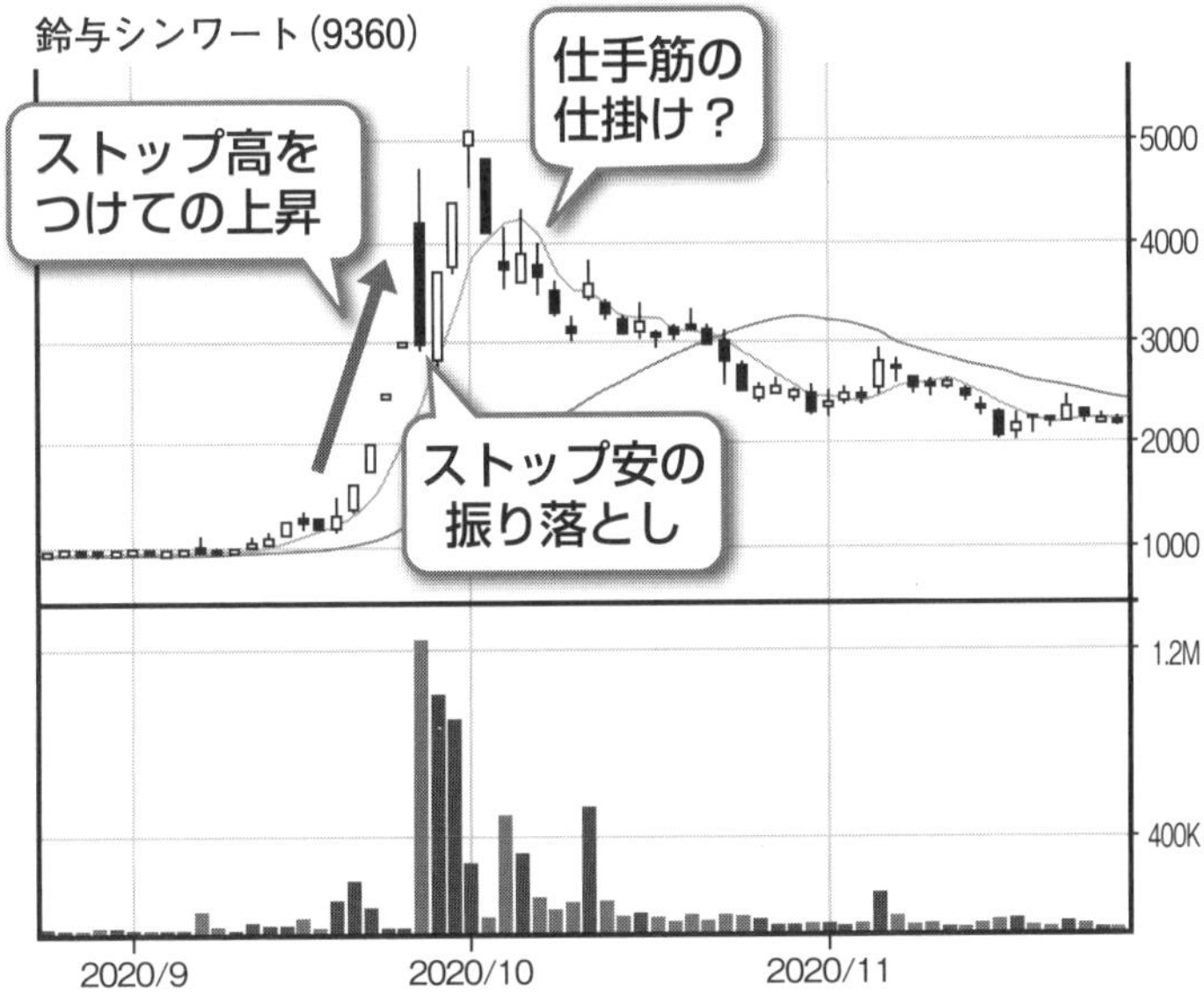

Look

仕手株の情報にはニセモノも……。
本物か否かがわからないほうが上がりやすい！

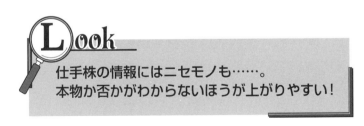

8 情報開示は株価の急騰後に始まる

ある銘柄に関して、「仕手筋の介入らしい」というメッセージが流された。

そこで、その日のチャートを見ると、株価は70円近辺～110円台に急騰している。その時点では日足に陰線は見られないので、さらにつり上げて利益確定を狙おうとの思惑があることがわかる。出来高も200万株台と、この銘柄にしては多すぎる……。そのときどきの材料で、時々株価が上がる仕手株の常連銘柄だが、業績はまったくお粗末で減益続きである。

しかし仕手株は、前述した通り、「上がる」ことが最高の材料だ。その銘柄のヤフー掲示板を覗いてみると、投資顧問業らしき、いわゆる〝仕手筋の宣伝〟で賑わっていた。

このような銘柄は、高値になればなるほど、高値つかみを呼び込むための情報操作が盛んに行われる。ゆえに、投資のタイミングでは細心の注意が必要だ。

投資顧問業などは、会員数を増やしたいから、情報操作で会員になることのメリットをそれとなく示す。そこで失敗を繰り返している個人投資家の多くは「やはり入会しなければ儲からないのか……」という想いが脳裏をよぎる。

入会して情報をもらうのは個人の自由——。だが、「失敗のツケは大きい」と心得るべし！

仕手筋の宣伝時では時すでに遅し

◆ 仕手筋の情報戦略は？

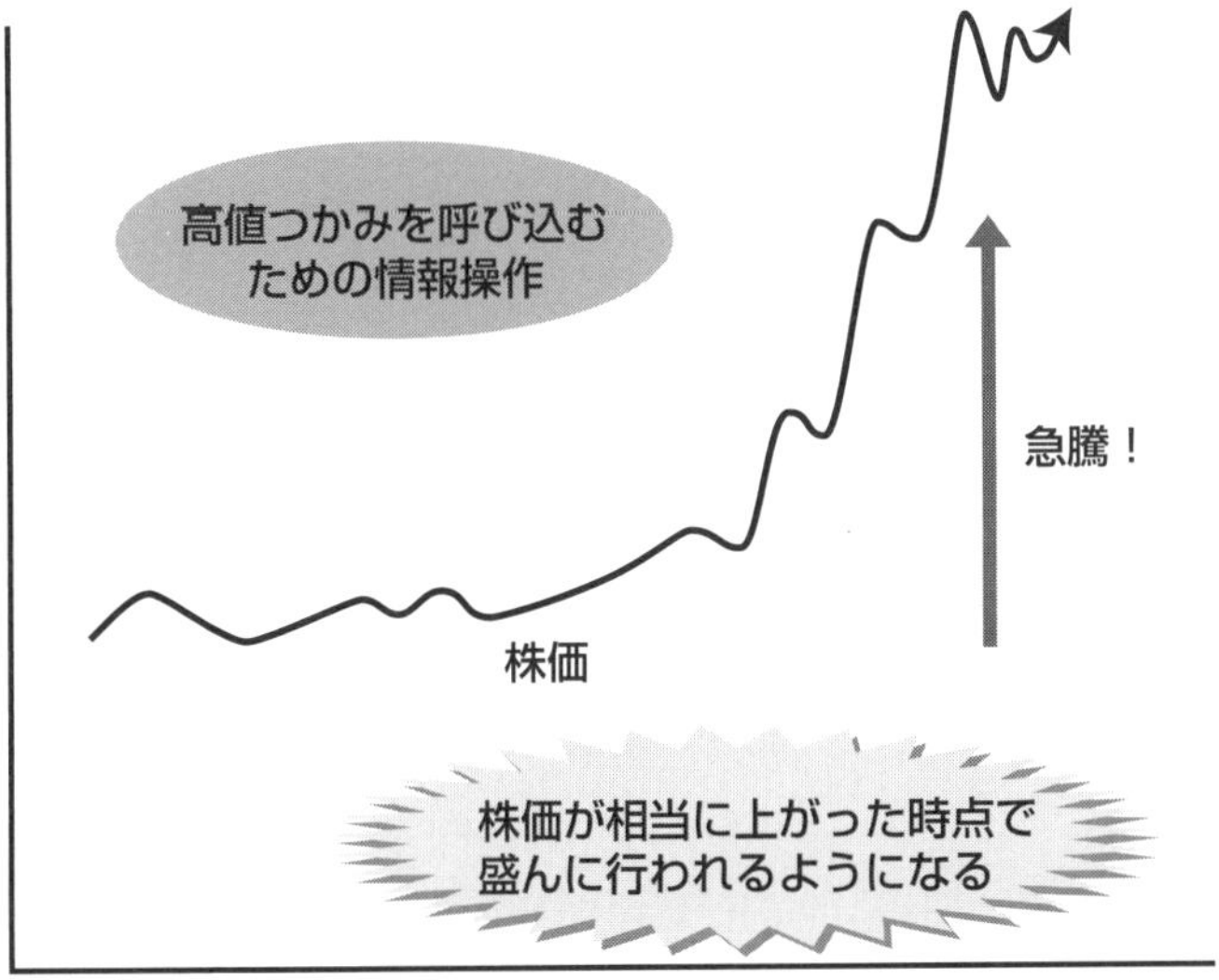

Look

仕手筋の情報戦略にうっかり乗ると、
高値つかみやババつかみになるので注意！

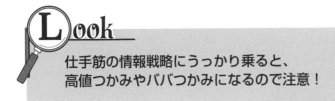

9 高値からの下落局面でも宣伝が続く

仕手株は、仕手筋の大半の会員が利幅を取って逃げるまでは、宣伝の対象になる。ある仕手株の掲示版には、【ダブル底形成で反転上昇】などという記載があった。

さらにもっともらしいのは、

【75日線では頭を打っているが26週線には乗っている。週末は高かった。来週は目をつぶって持続せよ……】

こうした類の記載である。いかにも論理的（?）な内容なので、信じやすい個人投資家は、このような記載にはまりやすい。個人投資家がそこで買えば〝しめしめ〟と言わんばかりに高値で買った筋の会員が売りに転じ始める。

――作戦成功だ（多分……）。

「上値アリ」の宣伝が続いているうちは、仕手筋の手持ち株の売り逃げは完了していない可能性が高いが、いずれにせよ、個人投資家は高値をつかまされていることが多い。

株の世界では当たり前だが、騙し合いを制した者が勝者となる。これは証券会社の流す情報も含めてのことである。

仕手筋は株価が下がっても宣伝する!?

◆ 騙し合いの宣伝!?

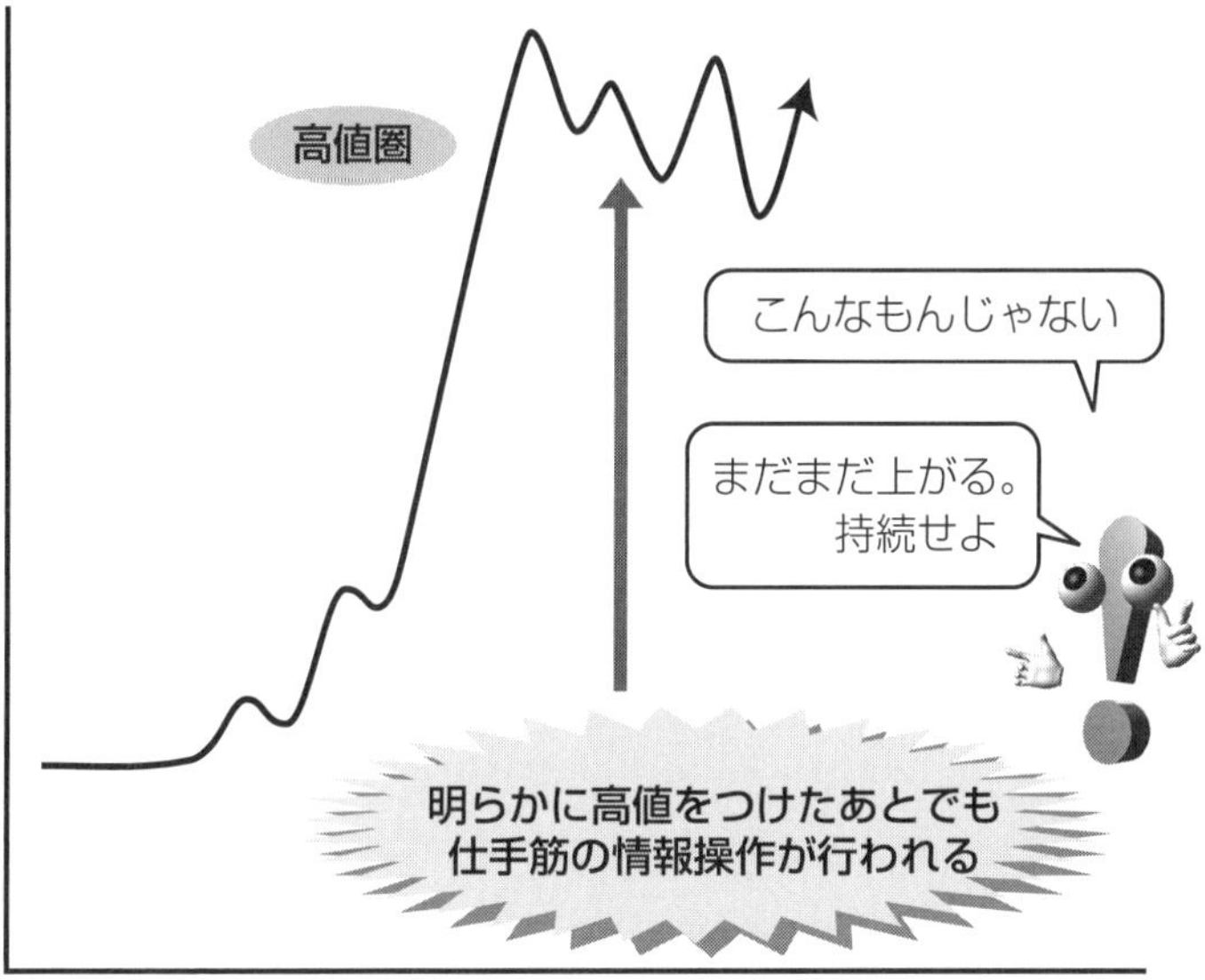

こんなもんじゃない
まだまだ上がる。
持続せよ
明らかに高値をつけたあとでも
仕手筋の情報操作が行われる

Look

投資顧問業などの会員が、売り逃げできるように、高値圏で宣伝が続くことも……

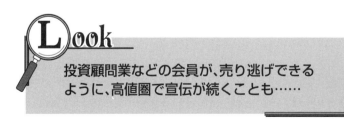

Column

【株の格言：その④】

「天井三日」

相場……とくに、仕手系の銘柄は動きが激しいので、のんびりできないということ。

相場が上がり始めると、市場では「まだまだ上がる」とはやされる。「まだまだ上がるゾ、上がるゾ」と淡い期待を抱いていると、アッという間に天井を打って（ピークをすぎて）、見る見るうちに急カーブの下降線をたどる。

小型株では、この動きが顕著だ。

個人投資家は、証券会社や投資顧問などのレポートを鵜呑みにして深追いをし、売り場を失ってしまうことが多い。

売りのタイミングは、じつに難しいが、この格言は肝に銘じてほしい。

「天井三日」と似た格言に「節分天井」という格言がある。例年、節分の頃は相場が活況になるが、その後企業が年度末をひかえて、利益確定の売りに回り、一気に相場が冷やされる状況を皮肉ったものだ。

いずれにせよ、急騰銘柄ほど天井をつけたあとの下げはきついものになる。

「利食い千人力」という格言もあるが、同じような意味で、株式相場で儲けるためには、いかに上手く利益確定するかがポイントだ。「天井三日」を忘れず、確実に利益確定できてこそ、儲かる投資家になれるのだ！

5章

仕手筋の内情を知っておこう！

1 仕手筋の命運は会員数が握っている

仕手筋といっても、その大半は財務省から認可を受けた投資顧問業が、ウラで暗躍している。彼らは、独自に株式投資で儲けるのが主な事業ではない。巨額の資金を持った資産家から零細の個人投資家まで、数多くの会員を獲得して顧問料を得るのが目的だ。

この業態の収入源は、銀行や企業・宗教団体・労組など、資金が集まるところならどこにでもある。仕手戦で、ときには宗教団体や不動産関連の資産家の買いがささやかれるのも、仕手筋が相場の仕上げに使うときの情報戦の1つである。

投資顧問業は、当然ながら宗教団体など、資金を多く持つところを優遇する。株式投資で「絶対に儲けさせる」という命題があるのだ。そのために、最終的には儲からないで困っている個人投資家の買いをあおる構図にならざるを得ない。

仕手戦では、会費をたくさん納める〝上客〟が優先されるのが、一般的である。零細の個人会員は最後に恩恵にあずかるわけだが、失敗のときは損が大きくなる。

株の世界では、個人投資家が「おいしい情報をもらえる」という幸運は、「まずあり得ない」と肝に銘じておくべきだろう。

会員数で成果の善し悪しが決まる

◆ 仕手株は 1 人でもつくり上げられるが、
会員がいたほうがやりやすい！

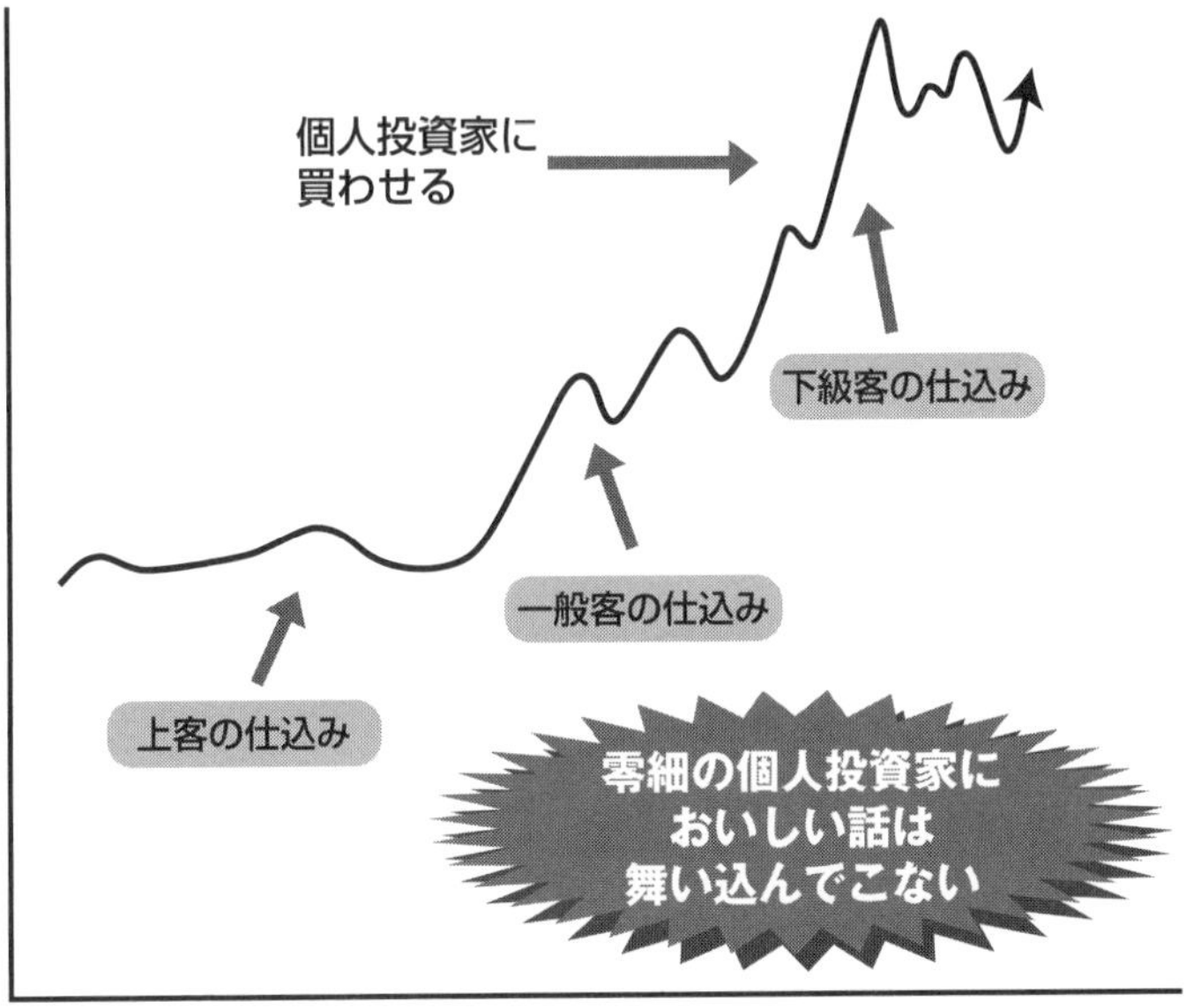

Look

会員も仕手株形成の道具に使われることが
多いので、必ずしも儲かるわけではない！

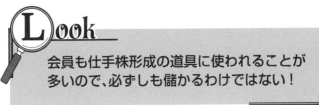

2 投資顧問業が行う会員獲得の奥の手とは？

仕手筋に絡んだ投資顧問業の主な目的は、自分が儲けるのでなく、会員をいかに多く獲得して利益を上げるかにある。そのためには、新たに入会するお客に「この会は儲けさせてくれる」と信用させなければならない。

そこで使う手段の1つは、すでに加入している会員の手を借りて、最初につり上げる銘柄を買わせることだ。そうして、既存の会員にその銘柄を買うように指示することで、最初は儲かるように配慮する。

これで「入会」の条件が整う。入会すれば、入会費・SNS情報代などを支払う。ただ、注意しなければならないのは、会員にも〝ランク〟があるし、推奨された銘柄を買っても100％儲かるわけではないということだ。

上手く情報操作に成功し、初心者の個人投資家などの資金を巻き込めれば、会員の儲かる確率が高くなる。仕手株の情報戦は、それこそ必死に行われることを知っておこう。

仕手筋が必死なのだから、個人投資家がそれに乗せられると、ババつかみをする確率が高くなるのは疑う余地もない。

会員獲得を達成するための戦略

◆ 会員を獲得するためには、さまざまな手が使われる。ときには上級の会員も活用する！

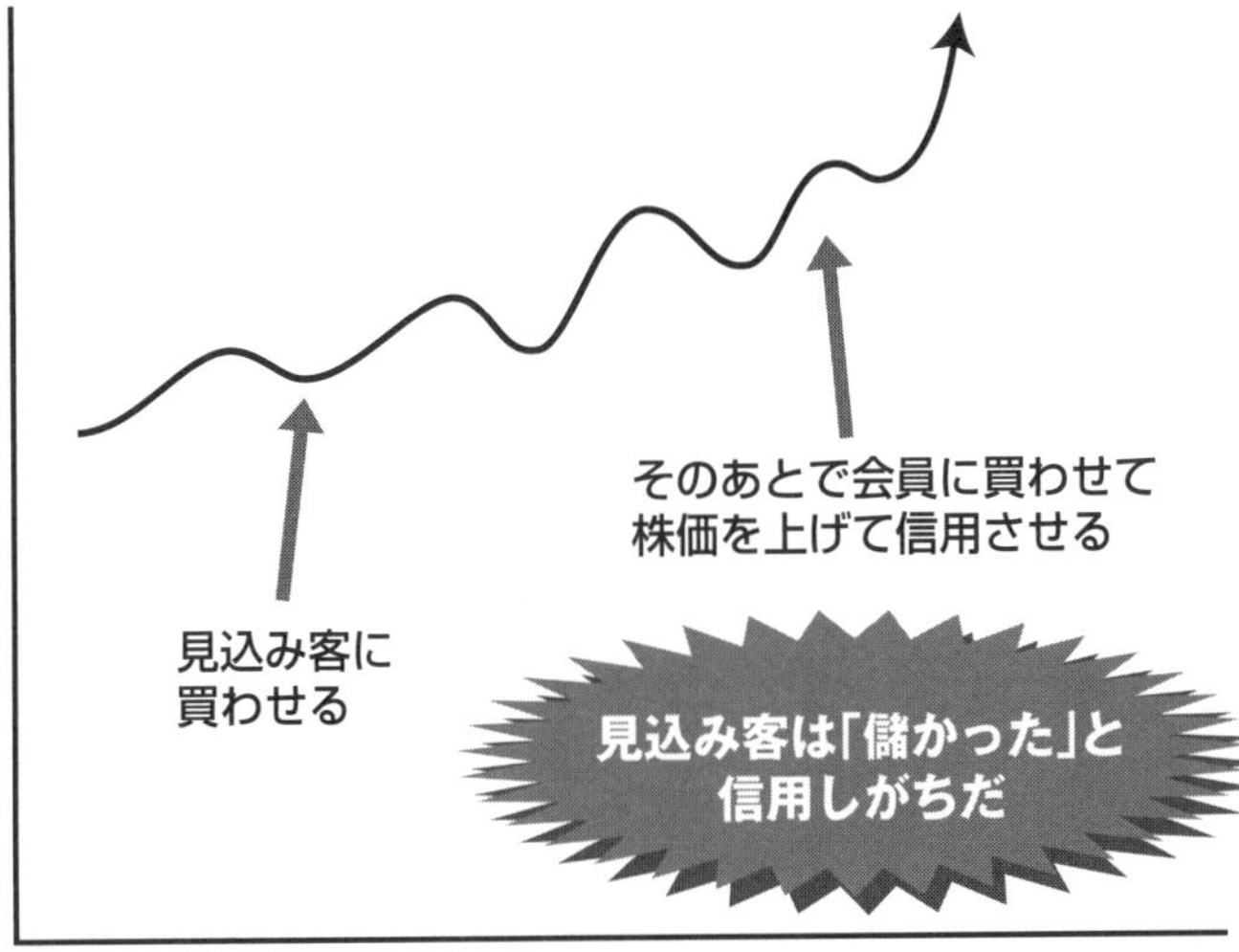

そのあとで会員に買わせて
株価を上げて信用させる
見込み客に
買わせる
見込み客は「儲かった」と
信用しがちだ

Look

投資顧問会社の会員になるのは自由だが、
投資はあくまでも自己責任で行うべし！

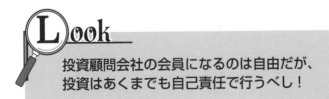

3 投資顧問業が大事にする客&しない客

ここでひと言述べておきたい。多少矛盾するようだが、業としてお上の許可を得て行っているのだから、「投資顧問業＝悪」という考えを持ってはならない。

ただし、安い会員料しか払えない個人投資家には、「おいしい情報はあまり入ってこない」と捉えたほうが良いだろう。

ある投資顧問業の熱心な営業マンの言葉を、今でも鮮明に覚えている。

「我々の仕事は、投資家にしっかりと株式投資に関しての勉強をしていただき、自分で投資ができるようになってもらうことです！」

このような考えを持った人もいる。株式投資にかかわる者としては当然だろうが……。

もともと、個人投資家の会員が100万円や200万円の会員料を納めたとしても、法人会員の多額の会員料に比べれば、言いすぎかもしれないが〝ゴミ〟に等しい。

個人投資家レベルの資金力では、投資顧問業とつき合っても大したメリットは得られない。

ゆえに、個人投資家は、投資顧問会社などからの情報に頼らないことだ。

会費を支払うくらいならば、「自分で投資判断すべきだ」と私は言いたい。

投資顧問業のホンネはどこに？

◆「株式投資はあくまでも投資家が自分の力で判断すべきだ」と思っていても……

しかし、現実には商売をしなければならない

うちの会員になれば
極秘情報をこっそり
お教えしますよ！

このような謳い文句を投げ掛けてくる

Look

他力本願で儲かった投資家は少ない。
自分で研究するからこそ儲かるのだ！

4 他力本願の投資家ほど扱いやすいものはない

投資顧問業も事業である。営業成績を上げなければならない。金融機関や宗教団体、あるいは資産家を、そう簡単にお客にできるものではない。そこで個人投資家を会員にしようと勧誘することになる。

上級会員だけでは、相場形成ができない。会員のなかでも待遇にランクがないと株価に応じた「買い推奨」ができないのだ。

相場形成は、初期段階では会員だけでひそかに行われる。

そこで大切なのが、個人投資家の数だ。その獲得のために営業マンが動く。彼らは株の専門家である必要はない。営業力があれば良いのだ。昨日まで車の営業をやっていようが、不動産の売買にかかわっていようが、決まった銘柄を薦めれば良いのだ。顧客獲得の実績で待遇が違うのは、他産業の営業と同じである。

日頃から成果が思うように得られない投資家は、「良い銘柄を教えてほしい」と〝切〟に思っているが、それはワナにはまる考え方である。

個人投資家が、他力本願になればなるほど、投資顧問業の顧客獲得のチャンスは増えるのだ。

投資顧問業は会員獲得に必死だ！

◆ 相場形成には多くの会員が必要になる！

多額の会員料を支払う資産家や宗教団体などを確実に儲けさせるには、会員が必要である

↓

相場仕上げのための会員がいないと上客を儲けさせにくい。そうなると上客の信用を失いかねない

Look

仕手筋は、まさに魑《ち》魅《み》魍魎《もうりょう》の世界だ。
個人投資家は、その内情を推しはかれ！

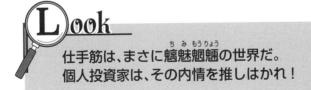

5 レポートに潜む恐ろしい〝落とし穴〟とは？

一般会員には、宣伝を兼ねて投資顧問業が過去に手掛けた運用成績が、ネットやメルマガなどを通じて披瀝される。手掛けた銘柄と、その後の高値でどれだけ儲けたかという戦績だ。ほとんどは「大成功！」というレポートである。

そのため、レポートを見せつけられた投資家は「なるほど、これはすごい！」と思うだろうが、「本当はどうなのか？」という疑問を持たなければならない。つまりすべてを鵜呑みにしてはいけないということだ。

大手のなかには、失敗例を記載するところもあるが、事実は明らかにはできない。これを明確にすると、投資顧問側の戦略の秘密が露見してしまうからだ。

仕手戦は表面化した時点で、ある意味、値打ちもなくなる。

「なんだかわからないが、どうも仕手筋の銘柄かも……？」

このような〝疑心暗鬼〟が買いや売りを呼び込むのだ。ゆえに、本当に重要な情報は明らかにされない。公表されるのは、さしさわりのない一般的な情報だけである。

レポートの真実はいかに……？

◆ 仕手筋から発信される情報では、本当のことはわからない!?

ほとんどは「大成功！」のレポートだ

> **《○○買いの成果》**
>
> ◎「○７○○は 200%上げで成果アリ！」
>
> ◎「８９○○は 150%の上げに成功！」
>
> ◎「９９○○は 50%上昇、さらに上値アリ！」

本当はどうなの？

Look

過去の運用成績はあくまでも結果論。
仕手筋の成果なのか否かは不明！

6 仕手本尊は初期段階での情報公開はしない

仕手株を手掛ける本尊は、相場形成の初期段階では、絶対に「銘柄情報」や「株価目標」を明らかにすることはない。静かに、したたかに、わからないように相場をつくり始める。本尊側の仕込みが終わるまでは情報が漏れないことが仕手筋の〝最重要作戦〟なのである。

仕込みが終わった段階で、初めて情報が表面化する。その場面で株価は一気に上がる。

その上げ局面では、投資顧問業の一般会員の資金が導入される。1つの銘柄を1つの仕手筋が手掛けるとは限らない。いくつかの顧問業が協調して、相場形成の同盟を組んで仕上げを行うことも多い。

この水面下では、仕手本尊の利益確定が始まる。上値を買っていくのは、下級の会員からの掲示板情報などで動いてきた一般の個人投資家である。

株の世界には「知ったらおしまい」という格言がある……仕手戦は「仕手株」として認知された段階でほぼ終わるのだ（株価そのものはその後も上がることはあるが）。

このような実態を知っておかないと、とんでもない高値で仕込むことになる。

仕込みの段階で情報は漏れない

◆ 隠密作戦のワナ!?

神鋼環境ソリューション(6299)

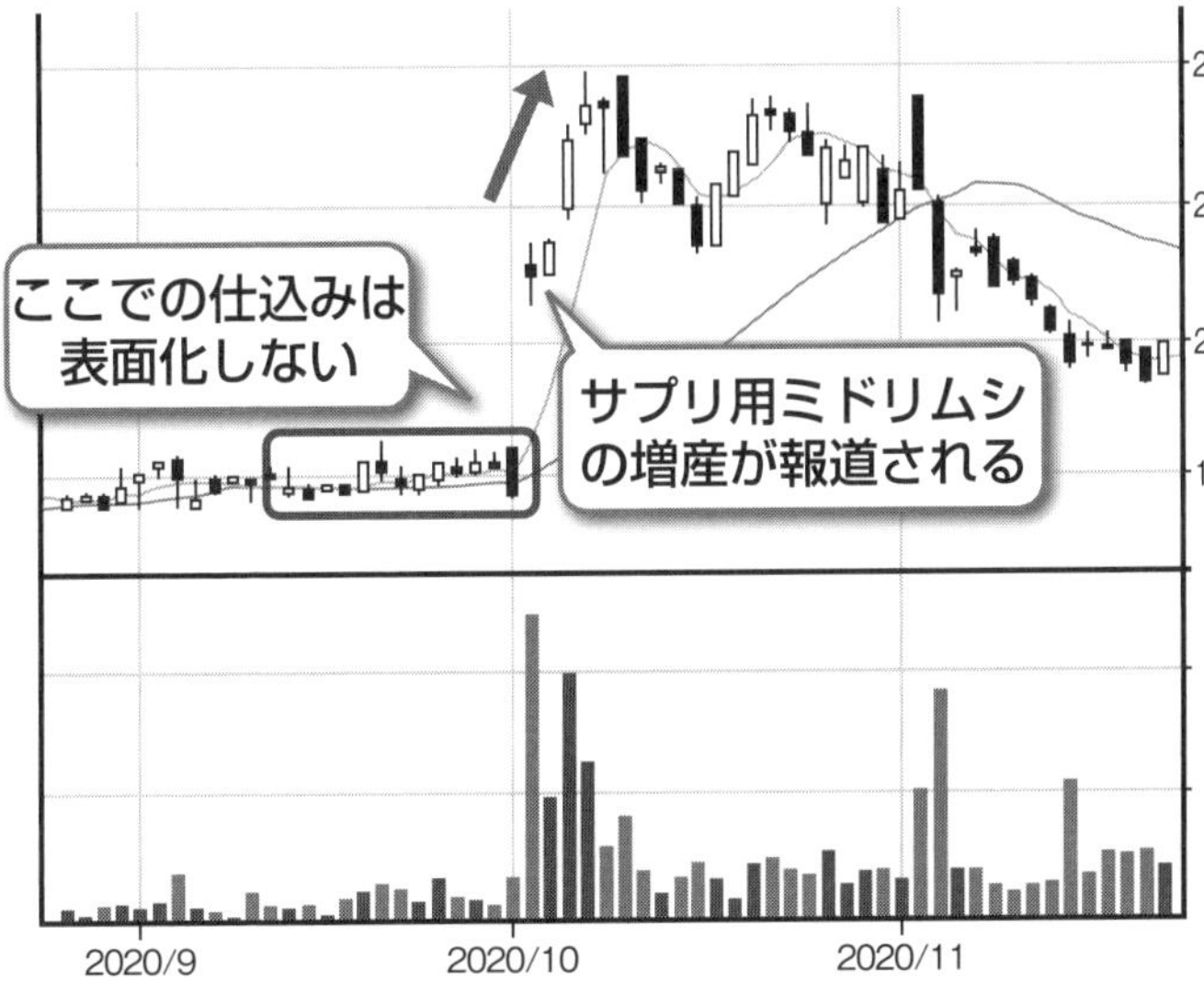

神戸製鋼の小会社として知られていたとはいえ、新聞報道の当日から突如としてストップ高の連続。その材料としてはタンク技術を活かした健康サプリ用ミドリムシの増産があった

Look

仕手筋は隠密に株を買い集め、それが終わった段階で「仕上げの上げ」を仕掛ける！

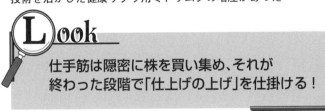

7 ババ専門の「解体屋」——その任務は？

仕手筋の作戦の最終段階では、一般の会費の安い会員を利用して株価をつり上げ、利益確定のチャンスづくりが行われるのは周知の通りである。俗に「解体屋」と呼ばれている者たちが、その任に就く。総仕上げの段階で上級会員が利益確定できるように、買いを呼び込むのである。このときはさまざまな情報作戦が行われるので、一般の個人投資家も多数巻き込まれる。

そこでババをつかまされるわけだ。仕手株で損をする大半は、この時点での株価の動きや情報戦にまんまと引っかかることに起因している。

証券会社によっては、かつては同じようなことを行っていたところもあった（最近は少なくなってきたようだが）。資金の多い上客に早めに仕込ませて、その後の相場づくりは、全店・系列店を巻き込んで、その銘柄の仕上げを行った。零細の個人投資家が常に〝割〟を食ってきたのである。仕手筋と証券会社は、ウラでつながっている可能性は否めない。

株の世界は「魑魅魍魎《ちみもうりょう》の世界」と揶揄されるように、いかに他人を騙し、それに乗じて利益を得るかの世界である。

株価は、ファンダメンタルズ面だけで動くわけではないことを再確認してほしい。

株の世界は騙し合いが当たり前

◆ 一般投資家だけでなく、下級の会員も売り逃げの株をつかまされることがある！

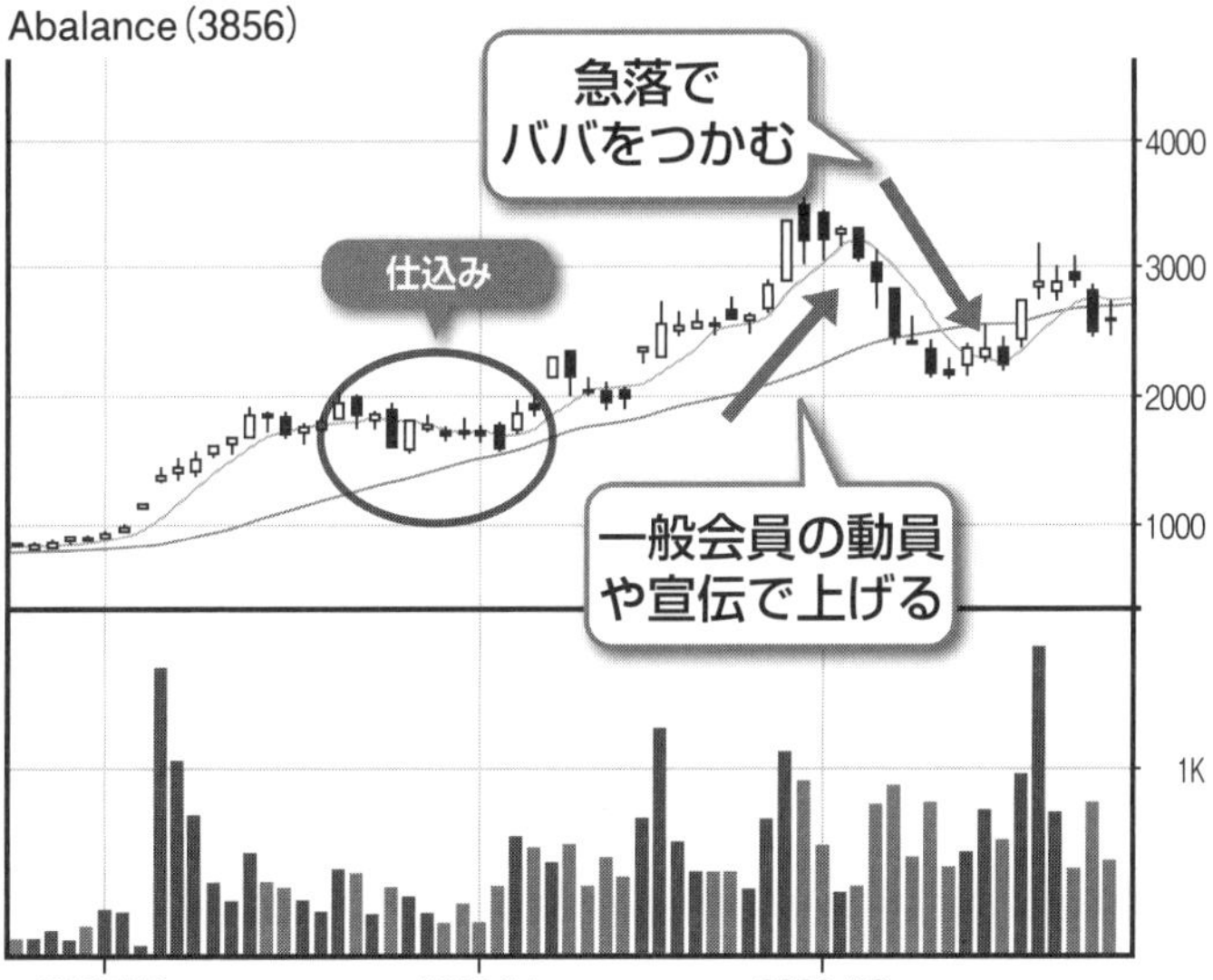

Look

「解体屋」と称して、仕手株の高値をはめ込んで、その上げを終結させる業者もあるらしい……

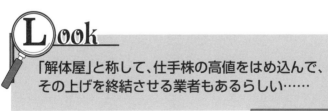

8 「金融機関が上客」というのは本当か？

投資顧問業の上客には、大手銀行などの金融機関も含まれているという話がある。これは金融機関も投資顧問業も明らかにはしていない。むしろ、できないのが本当のところだろう。

事実、それを「当たり前のこと」と豪語する投資顧問会社の幹部もいる。仕手株と投資顧問業、そのお客の金融機関――あり得る構図である。なにしろ巨額の資金が動くので、手数料も莫大になる。このような莫大な資金は小型株だけでなく、中・大型の材料株にも投入される。上がればなんでも良いわけだし、それなりの強力な材料があれば、機関投資家や外国人投資家、個人投資家をも巻き込んでの相場づくりが可能となる。

仕手筋としては、またとないチャンスになるわけだ。多額の資金が動く仕手系の銘柄では、証券会社、ときには一部の経済誌までも動員されることがある。壮大な仕上げの作戦である。

仕手戦は小型株が中心だが、資金規模によっては、大型株にまで及ぶことがあるので、このような動きを注視しておくことも肝要だ。基本的には、中・大型株の動きは〝命〟が長くなるので、個人投資家にも十分に参加の余地が残されている。ただ、騒がれ始めるのは高値になってからで、その時点での追随は避けるのが無難だ。

仕手筋の上客には銀行もいる!?

◆ 投資顧問業は公的に認可されている団体なので、どこの顧問も可能！

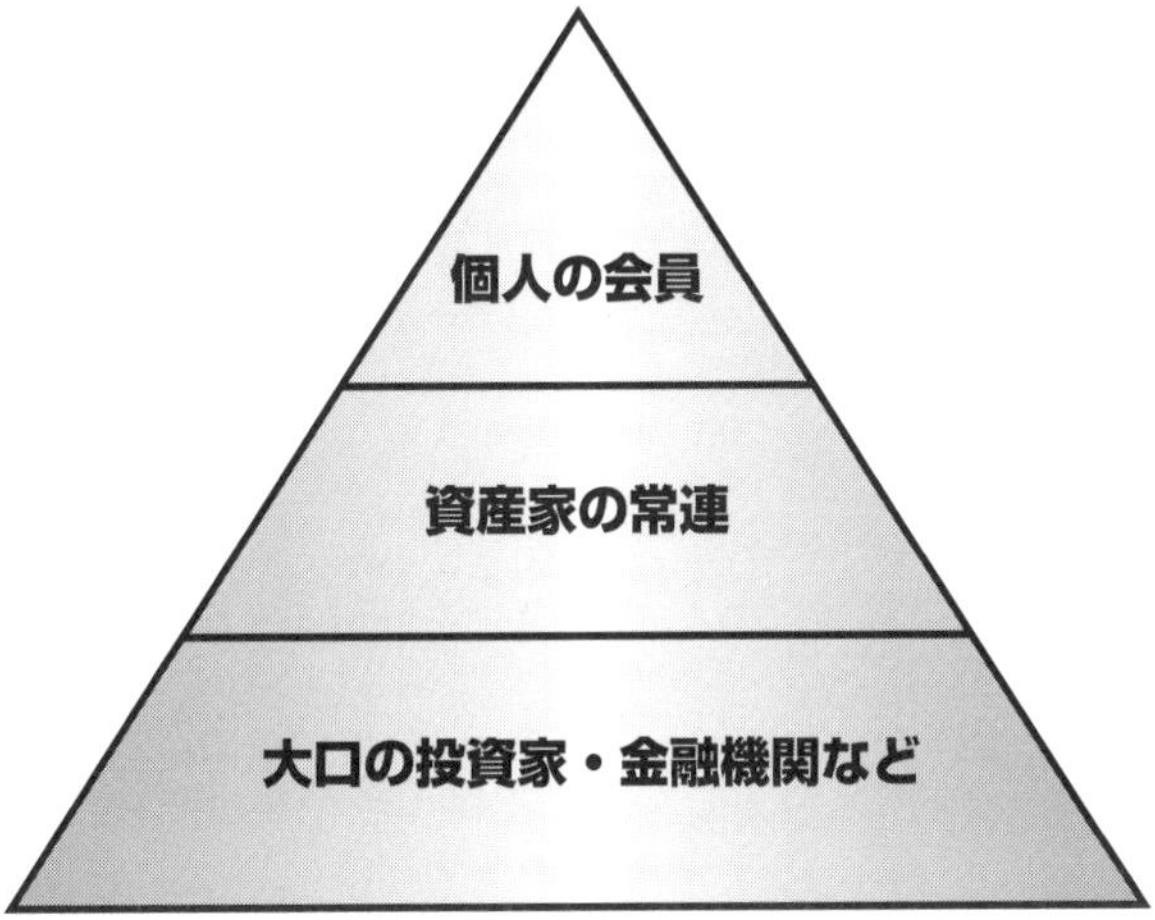

Look

巨額の資金を動かす機関投資家が参加すると中・大型株でも仕手株化することがある！

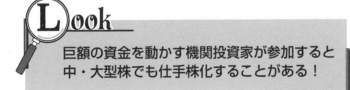

9 知らぬ間にあなたも見込み客リスト!?

今の時代は、あらゆるところから個人情報が漏れる危険性をはらんでいる。その一例として、インターネットへのアクセスが挙げられるだろう。

たとえば、掲示板に記載をするとき、ＩＤやパスワードを入力する必要がある。掲示板に記載したい一心で自分のデータを打ち込めば、先方は貴重なデータをもらったことになる。その掲示板が、仕手筋や投資顧問業とつながっていないとも限らない。

そのほかにも、「アンケートに答えると景品がもらえる」という〝謳い文句〟に乗せられて、自分のデータを入力すると、そのデータは誰かに漏れてしまう可能性がある。

アンケートを発信する側は、目的もなく行っているわけではない。個人情報がほしいから行うのだ。この情報は、その会社内で使われるのはもちろん、一定の条件下で他に売り渡す例も多々見受けられる。変なところからのメールや営業の電話がくるのは、情報が漏れている証拠だ。投資顧問業などは、初心者の個人投資家を会員にしようと虎視眈々と狙っている。その気がなかったのに、うっかりネット上で個人情報を入力する人もいるが、注意するに越したことはない。

インターネットは情報漏洩の巣窟

◆ インターネット情報には人間が関与する！

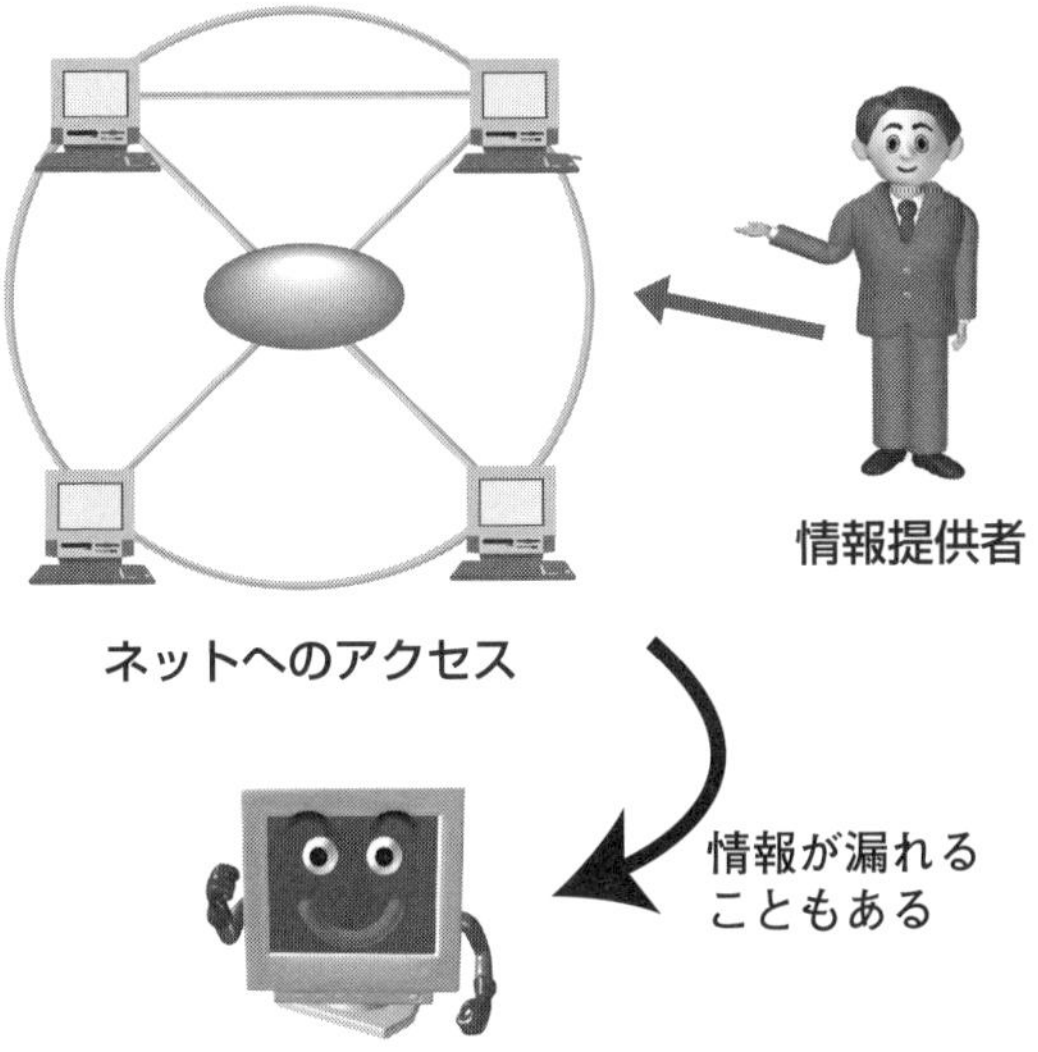

Look

「銘柄情報」などは、今やインターネットで得る時代だが怪しいサイトへのアクセスは要注意！

10 投資判断を他人に委ねた末路は……悲劇

最近の小型株をターゲットとした仕手戦で、多くの犠牲を出した銘柄を挙げると、東証二部上場で不動産の販売・管理事業を行っているデュアルタップ（3469）であろう。動きを見れば、明らかな仕手系の銘柄とわかる。

2020年10月、底値圏から突如として3日連続のストップ高となり、ネット上の掲示板を大いに賑わせた。だが、肝心の材料は同業他社のシーラHDという会社が、同銘柄の大量保有報告書を出したことくらい。

シーラHDのCEOが「不動産版ソフトバンクグループを作る」と豪語していたことから、掲示板では「これからとんでもないことが起こる！」と色めき立つ個人投資家が続出したが、そんな美味しい話があるはずもなく……。

「たしかにファンダメンタルズ面からも割安だが、この動きはおかしい」と指摘する向きもあったものの、「乗り遅れるな」とばかりに買いに走った者も多く、急落のあとには、絶望のどん底に叩き落とされることとなった。

投資判断は、他人に委ねるのではなく、あくまで自己責任で行うべきだ。

欲張りすぎると痛い目に遭う

◆ 投資判断を他人に委ねるというのは !?

デュアルタップ（3469）

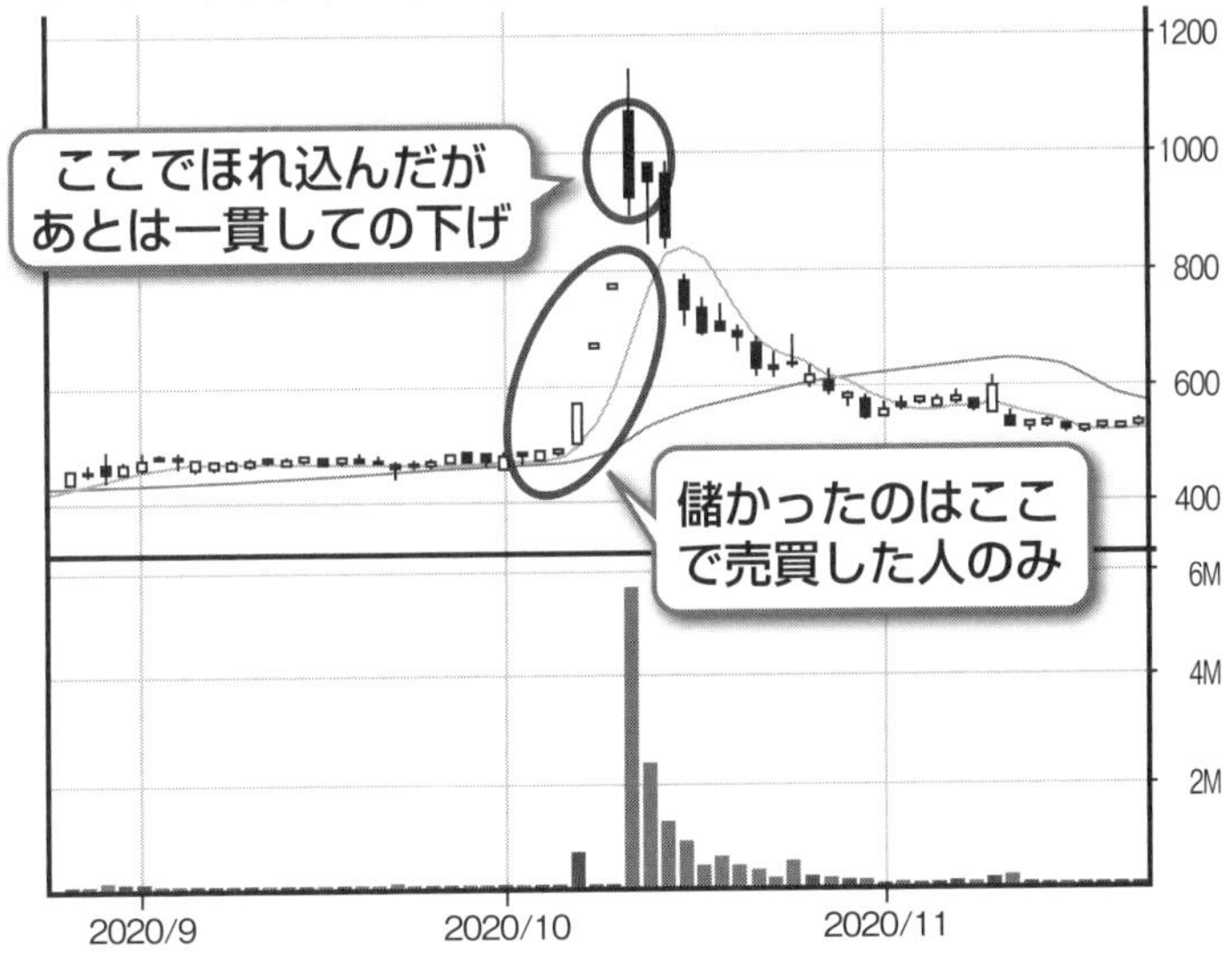

Look

「大儲けしたい」という気持ちが先走ると、
必ず失敗する。株の世界は甘くない！

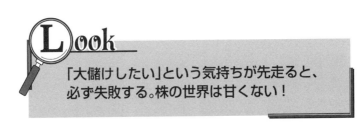

Column

【株の格言：その⑤】

「頭と尻尾は猫にくれてやれ」

株式相場では、値動きのすべてを手にするのは至難の業であるということ。

誰でも、株式投資をやるときは「一番低い値で買って、一番高い値で売る」のが理想であるし、それを願う。しかし実際は、そう上手くコトは運ばないものだ。

「一番高いところで売ってやろう！」と考えているうちに株価が下がってきた……などは、よくある話である。こんな事態は、個人投資家ならば、誰でも一度は経験しているはずだが、同じ失敗を繰り返してしまう……。

かつて『ソフトバンク』は19万円（額面50円）という、とてつもない高値をつけた。

夢があるから高値でもどんどん買いが入った。それこそ「天井知らず」のように。ゆえに、19万円の高値がついた。

小型株（仕手株）は、思わぬ相場になるので、「夢よ再び」の過ちを犯しやすい。

株価に絶対はない！「程良い頃あいで買いなさい、売りなさい」ということである。

結果的には、そのほうが儲かる。

株式投資では、確率重視の考え方が大切である。確率は深追いすると低くなる。「このあたりで売りだな」と思ったら、どんな情報が入ろうとも売るほうが得策なのだ。

小型の
新規公開株を狙え！

6章

1 新規公開株はタイミングが生命線だ

小型株の多くは、マザーズやジャスダックなどの新興市場の銘柄である。

この市場には、新規公開株が目立って上場されるのも特徴だ。上場されるからには、元気の良い企業がほとんどだが、最初の売買でつく「初値」は、そのときの相場環境に大きく影響されるので注意しなければならない。

いきなりストップ高で始まるとか、売り出し株価よりも大幅に高い「初値」がつくときもあれば、最初から安く始まるときもある。株式相場は、投資資金の流入規模や需給関係が主導権を握るので仕方がないことではあるが……。

ここで、新規公開株で賢く儲けるための注意点を述べるので、きちんと守ってほしい。

左ページに紹介した『まぐまぐ（４０５９）』は、メールマガジンの発行代行事業を日本でいち早く手掛けた企業だが、公募株価が８１０円なのに人気化して、「初値」が３４００円と飛んでいる。この手の人気先行の銘柄は、利益確定も早いので、「初値」で買い、次の上げ段階で「利益確定」の２日勝負が必要だ。その後はチャートでもわかるように下げに転じている。

「素早い売買が〝生命線〟になる」と言えるだろう。

新規公開株は「初値」後の動きに注意！

まぐまぐ(4059)

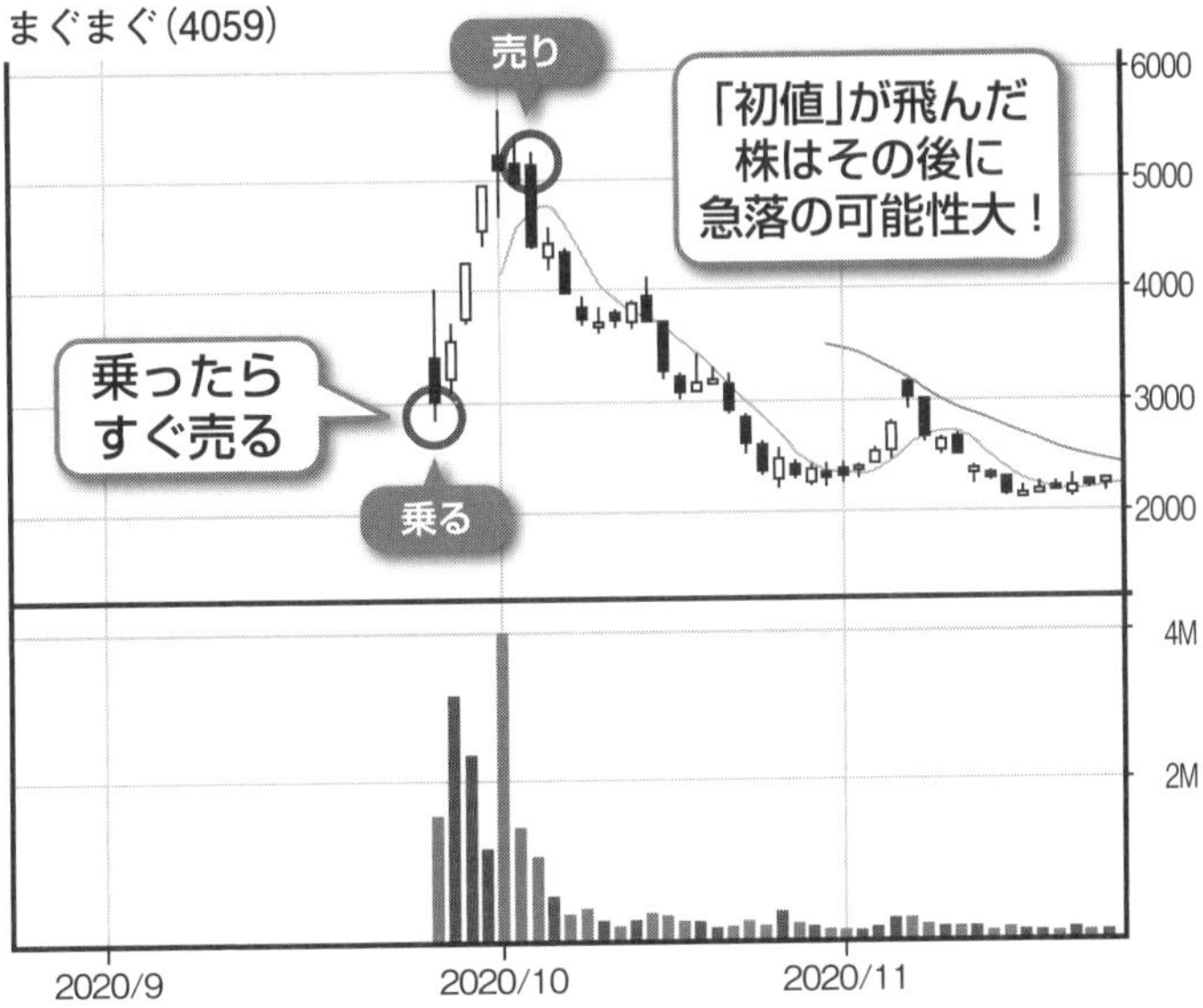

『まぐまぐ(4059)』は、メールマガジンの発行代行分野のパイオニアで、810 円の公募株価に対して、「初値」は 3400 円であった

Look

新規公開株にはいきなり飛びつかず、株価の動きを注視しつつ、タイミング良く売買する！

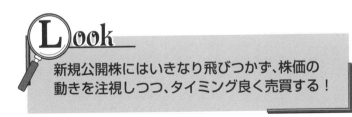

2 業績に比べて「初値」が割安ならば買い

新規公開株でジャスダックやマザーズの市場に上場される企業の多くは、業績も良く、発行株数も少ないので人気化するのが、一般的だ。

ただし、なかには株価がさして飛ぶこともなく、割安に始まるケースもある。

こうした事態の背景には、その企業に対する業績の消化不良や幹事証券会社の売り出しタイミング選定のミスがあることが多い。

いわゆる売り出し作戦の〝不発〟だ！

このような株価の動きは、投資対象としては、極めて魅力的である。正当な評価がなされるにしたがって、株価が意外なところに駆け上がるからだ。

ここに挙げた『ティアンドエス（４０５５）』は、大手企業や半導体工場向けにシステム開発・運用保守・インフラ構築を手掛ける大注目銘柄で、業績も好調だったが、その割に株価は比較的、低いところから始まった。

そして公開初日は値がつかず、翌営業日からはしっかり下値を切り上げる展開に転じている。いわば上昇トレンドにあるわけだ。ゆえに、「安心して投資しやすい銘柄だ」と言えるだろう。

「初値」が静かに始まればチャンス！

ティアンドエス（4055）

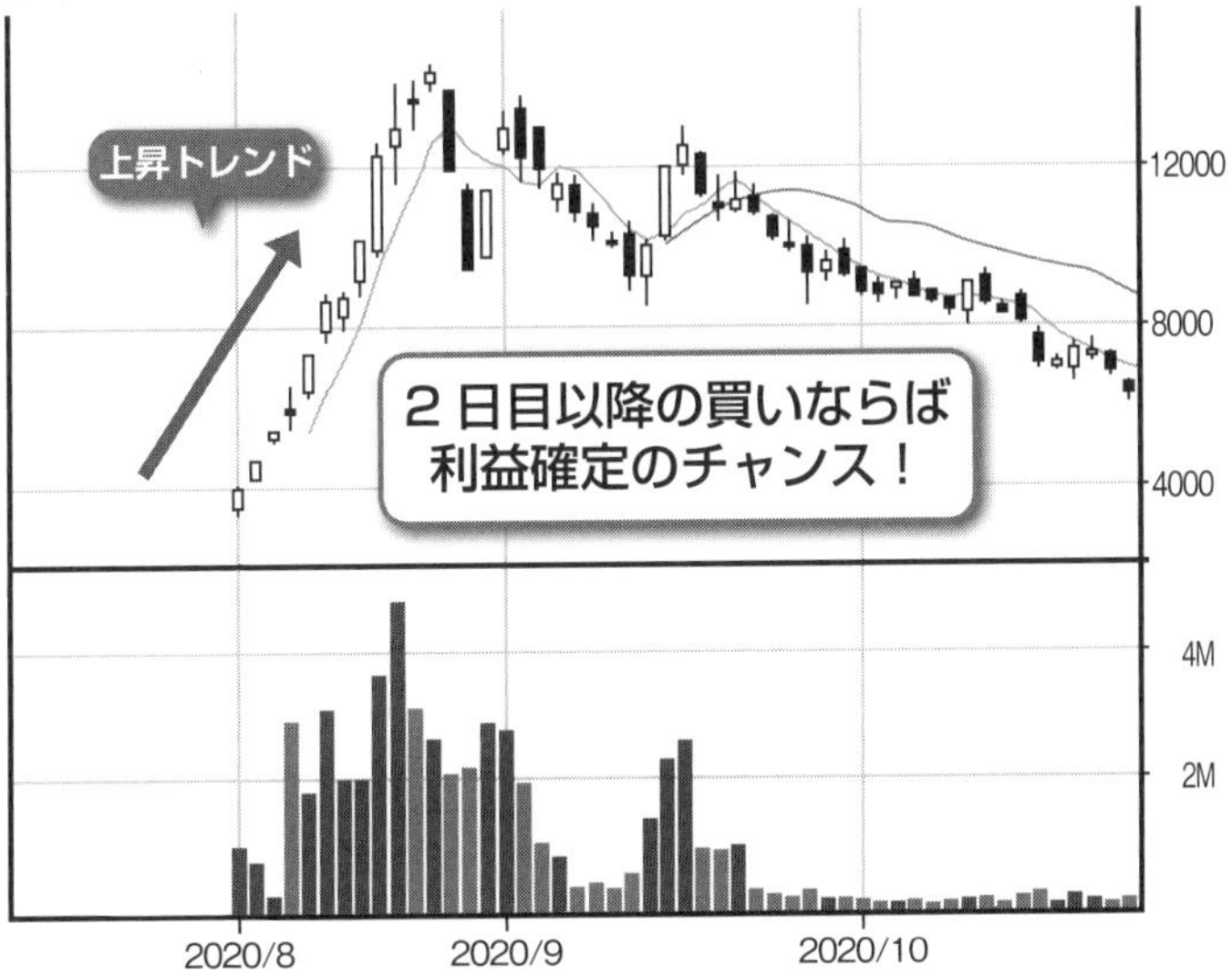

大手企業や半導体工場にシステムを提供する『ティアンドエス（4055）』は、注目度・業績の割には初値が公開価格の2.5倍とやや落ち着いた動きからの上昇トレンド

Look

時流に乗った株が安く始まれば、
絶好の買いのチャンス到来！

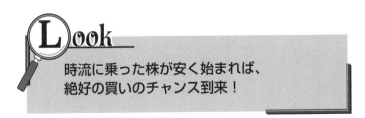

3 極端な株価の動きには待つことも大切

新興市場の銘柄は、発行株数が少ないので、売り手と買い手の〝思惑〟で激しく株価が動くのも特徴の1つとして挙げられる。

左ページに紹介した銘柄の株価動向をチェックすると、急騰して始まったものの、次第に売りに押されて下降しているのがわかるはずだ。

この会社は災害大国日本ならではの企業向け安否確認サービスを扱っており、「初値」は公開価格の4・5倍で寄りついたが、さすがに高すぎた反動で、その後は下げている。作戦としては、株価の下値を確認して、急騰場面をじっくり待つのが賢明だ。動き出してから乗るのは極めて危険！　下値で持ち合い離れを待ちたい。そこが買い場になるであろう。

株価がイマイチさえないのは、上場前に手に入れた投資家や発行会社の資金捻出のための売りがあると推測できる。激しいデイトレーディングも行われているはずだ。

これも発行株数が少ない小型株のなすところだ。ただ、売りが途絶えたときがこの株のおもしろみであり、上がり始めたら止まらなくなるかもしれない。極めて魅力的な投資対象であり、類似の銘柄が出てくれば、是が非でも手掛けたいところである。

最初の「上ヒゲ」は迷いの証し

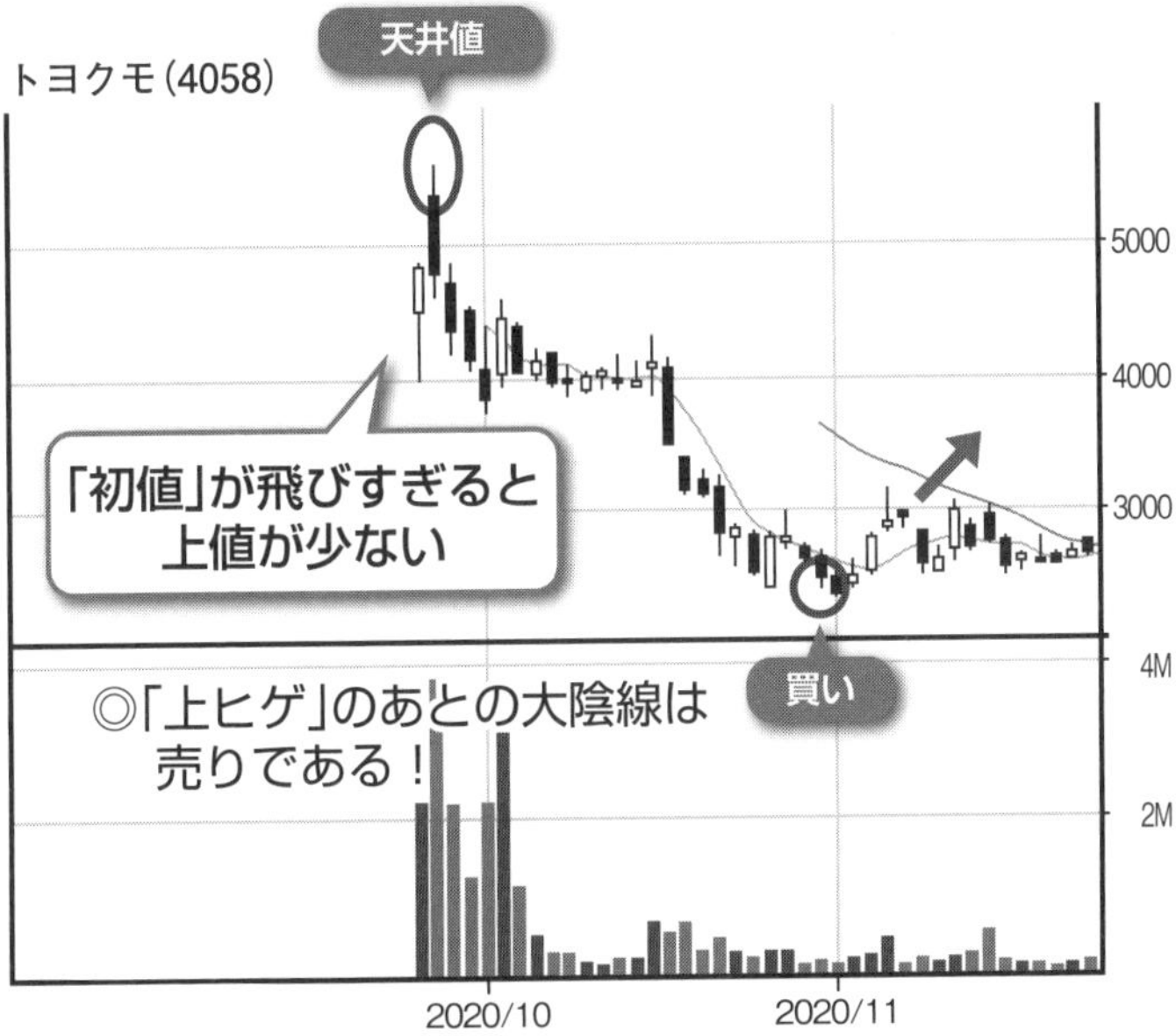

サイボウズから分社化し、安否確認サービスなどを手掛ける『トヨクモ(4058)』は、上場2日目でやっと値がつき公開価格の4.5倍が「初値」。サービスは東日本大震災以後の開発であり実績に乏しく、人気先行感があり、そのあとは続落となった

Look

典型的な上値シグナルである「上ヒゲ」のあとに陰線が出たら……下値の可能性が高い！

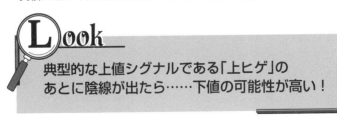

4 持ち合いから始まる銘柄はその後の動向に注意

新規公開株のほとんどは、ジャスダックやマザーズの新興市場に上場される。いわば個人投資家好みの市場だ。値動きの激しさを狙って、買いから参加する人が多く集まるので、どうしても大きく跳ねて株価が形成されやすい。そうなると、始めに株価が途方もなく高くなってしまうので、さらなる上値を狙うには悪条件だ。

そこで狙いたいのは、「初値」があまり飛ばないで、その後も株価が持ち合い状態が続いて激しく動いていない銘柄である。

これを狙って仕込んでおけば、そのあとで株価が上がっていく可能性は極めて高い。市場に公開するということは、企業経営が好調なわけであり、市場で株を買ってもらうにふさわしい状態であるからだ。

ここに挙げた『日本情報クリエイト（４０５４）』は、ＩＴソリューションによる不動産業務支援を手掛ける企業である。不動産業界はＩＴ化の過渡期にあり、将来性は充分。業績は〝堅調〟なので、やがては人気化して上げていく可能性は極めて高いと思われる。

事実、持ち合いから上げに転じている。それを狙ってひと勝負するのもおもしろい！

持ち合いで始まれば買いのチャンス

日本情報クリエイト（4054）

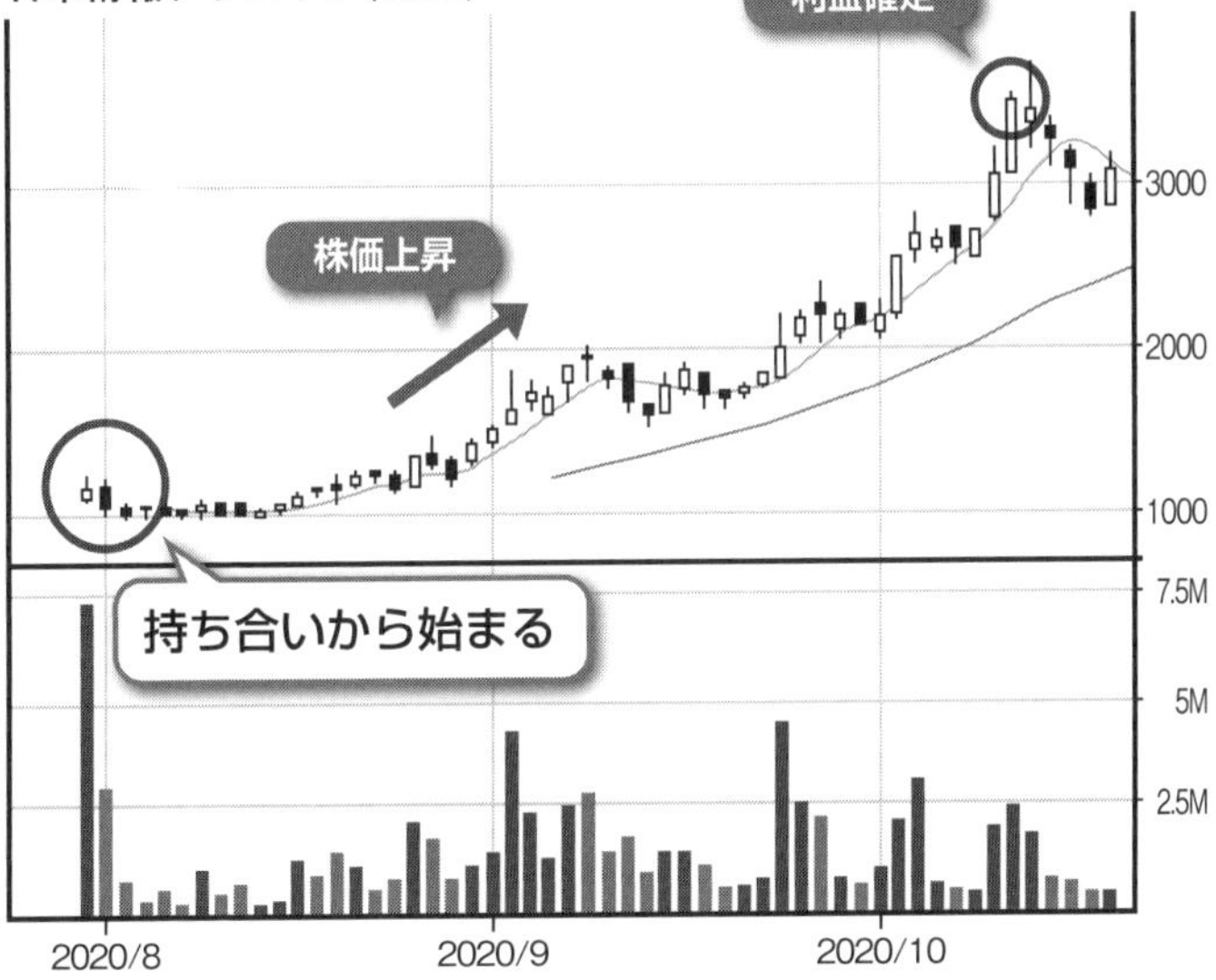

Look

株価が飛ばないで静かに始まれば、仕込みのチャンスが多い。思い切って、ひと勝負を！

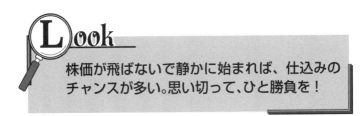

5 「下ヒゲ」から始まる新規公開株は買い有利！

「下ヒゲ」は、テクニカル分析から述べれば、下値の限界を表す。公開直後から「下ヒゲ」が続くのは、またとない絶好の買い場を最初から提供しているわけである。

ここに挙げた『雪国まいたけ（１３７５）』は、公開株にしてはさえない動きから始まり、「初値」は一般の銘柄とは違い公開価格に対して４・５％下回ったが、その後「下ヒゲ」の陰線が続く形になった。

最近の新規公開株の特徴は、買い意欲が強いために、大幅に値上がりして「初値」をつけ、後日に反動の下落が見られるのが、一般的だ。

ところが、この銘柄は、米ベインキャピタルによるＴＯＢで２０１５年に上場廃止になった企業の再上場ということもあり、株価が穏やかである。ゆえに、「下ヒゲ」をつけて「初値」のローソク足を形成した。明らかに先高感を表しているので、即刻買いで良し！

事実、株価は緩やかに上昇し、２２００円を窺う展開となった。

いわば〝セオリー通り〟の株価の勢いになっているので、手掛けやすく思惑違いも少ないので、この類の新規公開株は狙い目だ。

「下ヒゲ」で始まれば絶好の買い場

雪国まいたけ（1375）

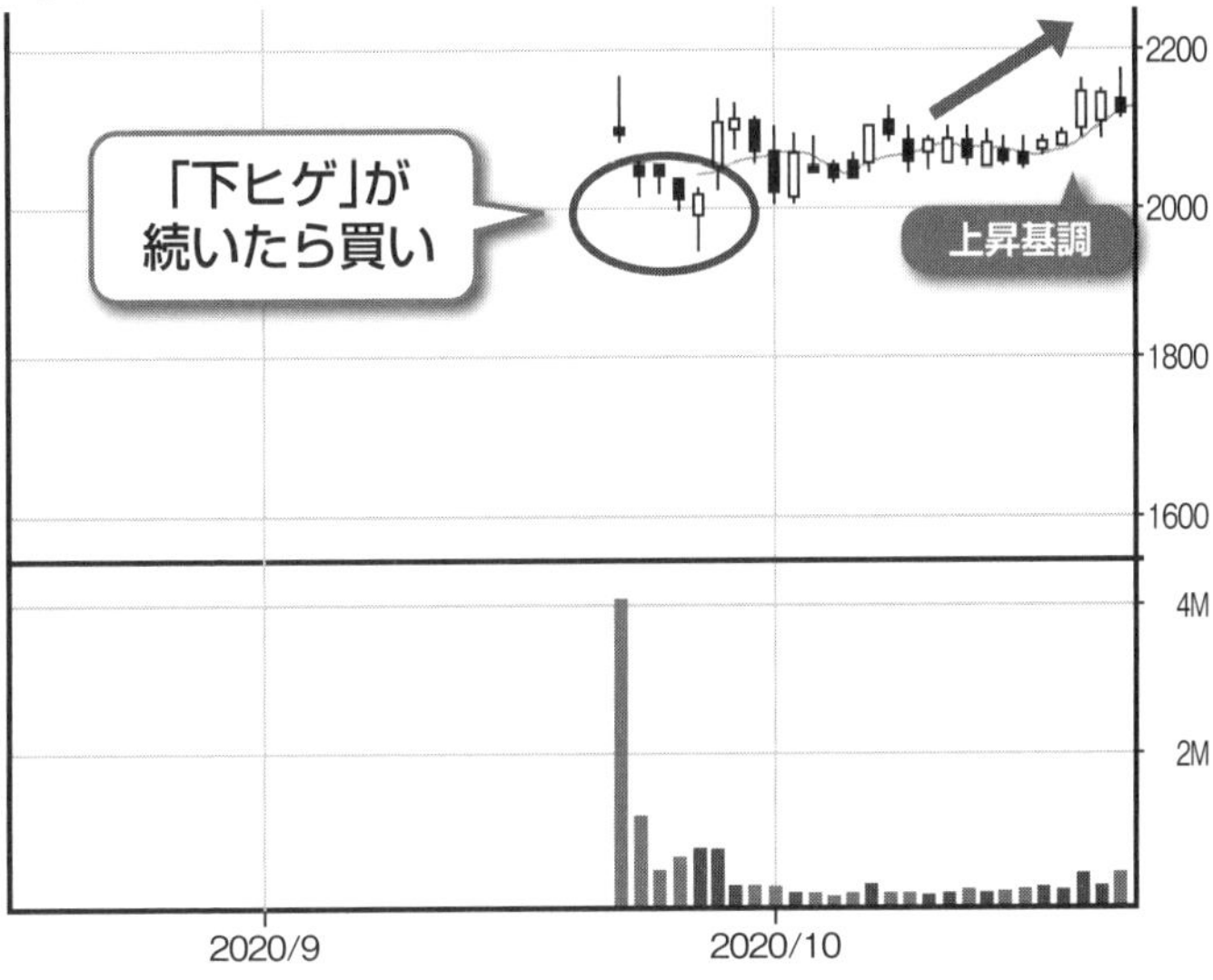

Look

「下ヒゲ」は買い優位のサイン。そこで買えば、
株価上昇の確率が高く利益が出やすい！

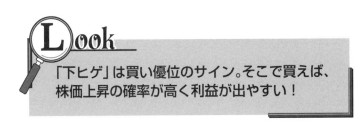

6 「上ヒゲ」で始まれば「下ヒゲ」まで待つべし

「上ヒゲ」は、売り圧迫の極めて強いシグナルである。

この時点で買うのは、リスクが大きいので避けなければならない。

ここに挙げた『日通システム（４０１３）』は、企業向けに働き方改革や健康経営を支援するソリューションサービスの提供などを手掛けている。経常利益・当期利益ともに順調とはいえ、「初値」は公開価格を83・３％上回る５５００円から始まった……明らかに買われすぎだ。「ＰＥＲ」はゆうに１００倍を超えた。そのためか、一旦、値はついたものの、そこが天井になり、チャートでもわかるように、初日から大陰線となっている。

これでは「個人投資家にはまったく妙味はない」と言える。この銘柄の場合には、下値に届き、新たな買いが入り、反発のシグナルを確認してからにしたほうが、買いにはリスクが少ない。

チャートでは、最後のあたりで十字線と小さな陽線が出ているので、このあとに反発のシグナルが出て、買いのチャンスがやってきそうな〝気配〟を感じてならない。

くれぐれも下手に「値ぼれの買い」だけはしないことだ。

「上ヒゲ」で始まったらあわてて買うな

日通システム(4013)

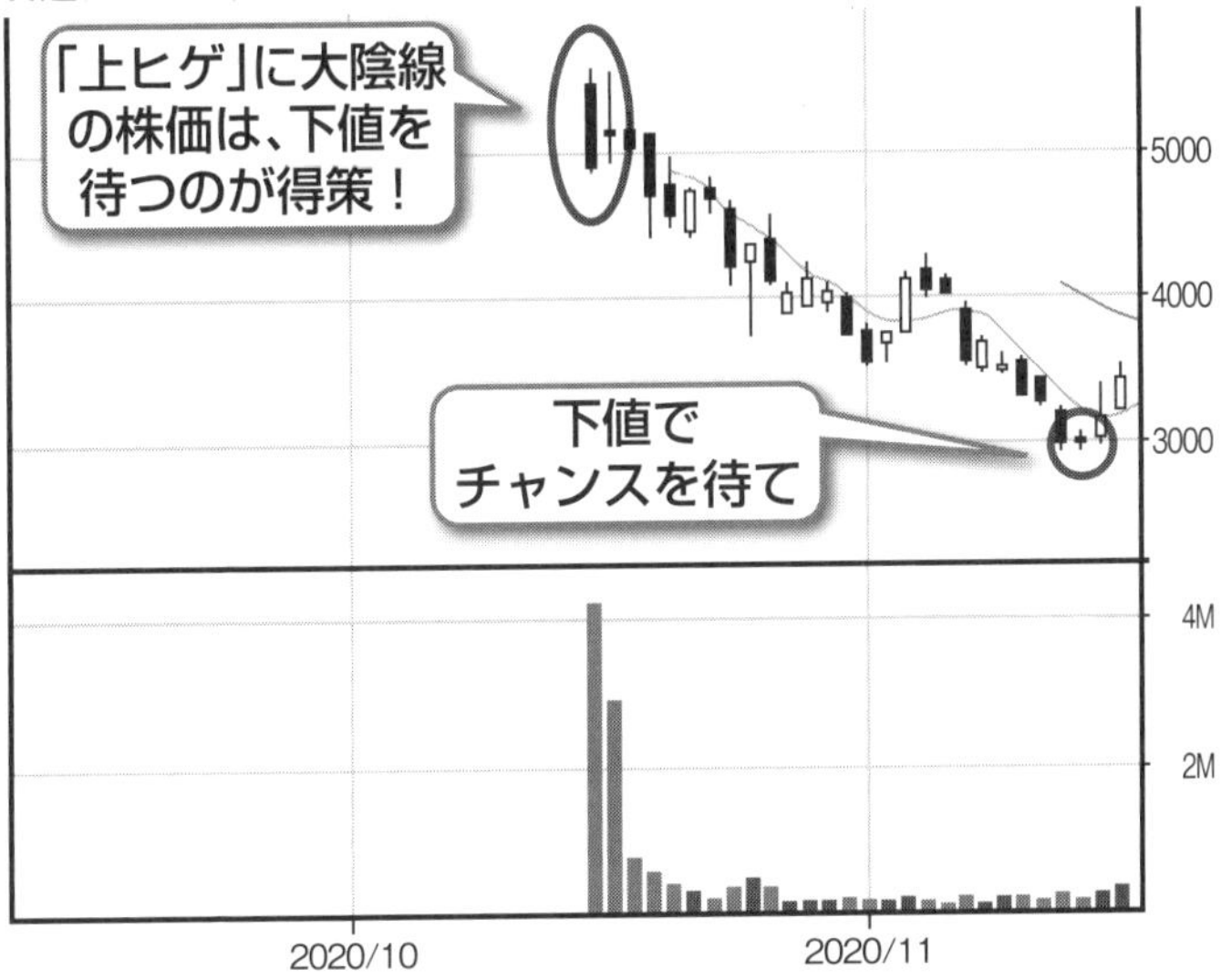

Look

「上ヒゲ」で始まれば、売り圧迫が強い。株価の動きを見て下げ止まりを待つのが得策！

7 「コマ」から始まる株価には慎重を期す！

ローソク足の「コマ」というのは、その名の通り、上と下に同じような長さの「ヒゲ」が出ていることから名づけられた。この意味するところは「買いと売りのせめぎ合いがある」ということだ。つまり上にもいくが、下にもいく可能性があるわけだ。

左のページに紹介した銘柄は、上場企業10社を数えるGMOグループの一員であり、決済端末の提供や決済処理を手掛ける企業で業績も良い。公開初日は値がつかず、買い気配のままで終えて、2日目にようやく公開価格比2・6倍で値がついた。

人気先行の動きなので、本来であれば、利益確定からの売りが多くなり、短期の上げに終わるのだが、この銘柄が「キャッシュレス化推進の関連銘柄」という強力なテーマ性を持ち得ているためか、「初値」がついたあとも、上値を追い続けた。ただ、2日目の動きは小さく、ローソク足で言うならば〝迷いのコマ〟の形だ。この時点では方向性がつかめないので、4日目の「窓開けの上げ」を確認してから買うのがベストだ！

なお、株価は6000円から、2倍の1万2000円まで短期で駆け上がり、やがて「上ヒゲ」をつけて上値限界となっている。

気迷い状態には安易に手を出すな！

GMO フィナンシャルゲート（4051）

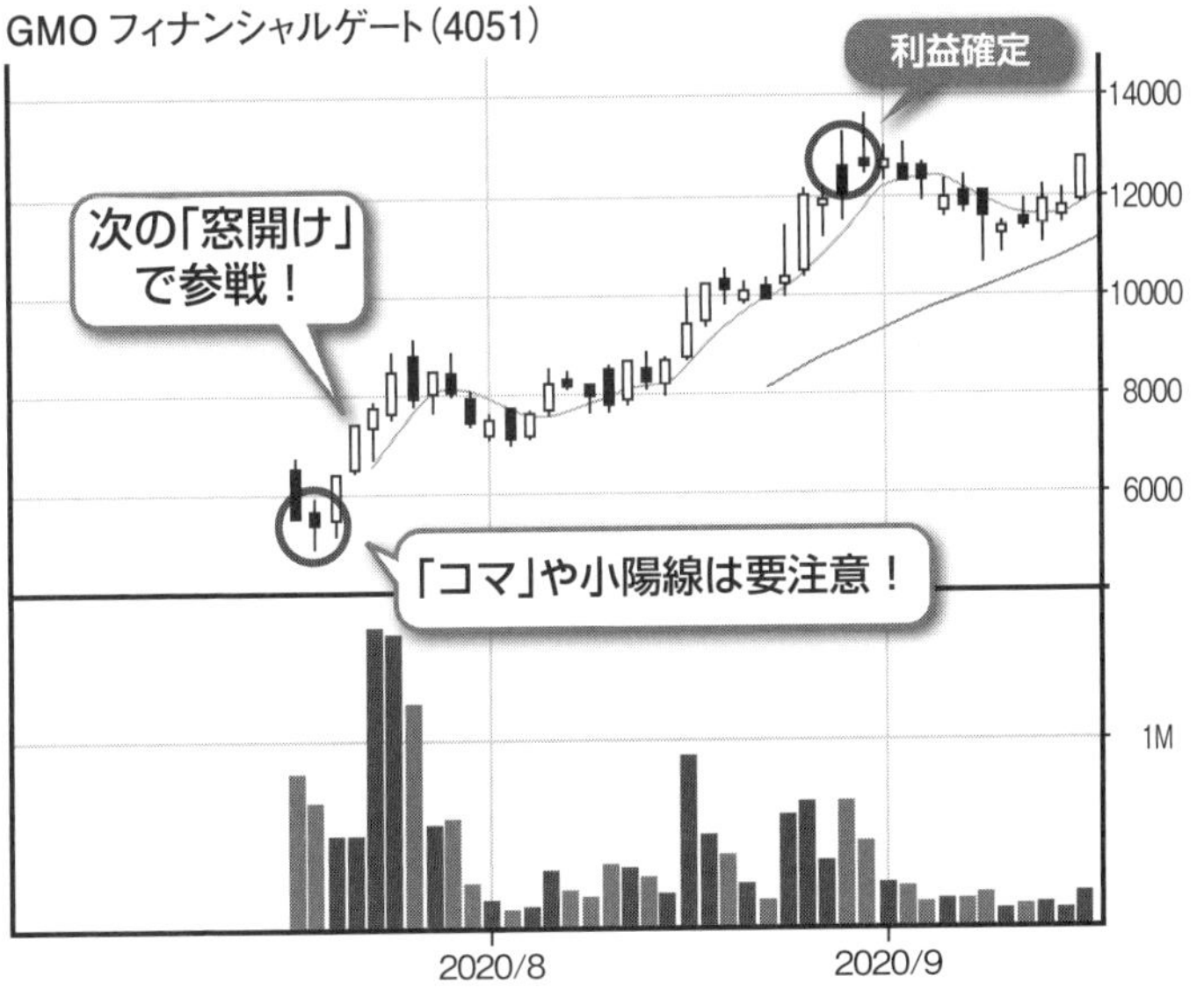

Look

「コマ」から始まる株価の動きは、買い・売りが拮抗するので、しばらくは様子見を決め込む！

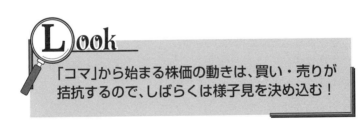

Column

【株の格言：その⑥】

「いきすぎもまた相場」

株式相場は、上にも下にもいきすぎるものだということ。

人間の行う取引なので、強気一辺倒になったり、弱気一辺倒になったりもする。

これが相場の常で、仕手株が存在するのも、そのような人間の心理をついているからである。まさに心理戦だ!

相場というのは、人間の心理が大きく影響するものであるから、「これは明らかにいきすぎだ」というような高い株価になることもしばしば。それがチャートでは「上ヒゲ」などに現れるわけだ。

しかし、いきすぎの反動は常にあるもので、天井をつけたあとの急落は速い。

問題は、そのいきすぎに対して、どのように素早く対応するか―ここだ!

下落が始まったら、すぐに「逃げるが勝ち」とばかりに「成り行きの売り」で対応しなければならない。天井圏では出来高も多いので、「成り行き」で逃げるのが鉄則だ。「指し値」で逃げるのはあり得ない。ほとんどは、売りのタイミングを失ってしまう。

思わぬ相場は予想できなかったことであり、「ないもの」と考えて売買しないと、大ケガを負う。「また戻すだろう」という淡い期待は捨てよう。

7章

チャートで検証！
小型株の
「買い」シグナル

1 「V字底」からの反発ならば買い

小型株は値動きが激しいので「チャート破りの動きが多い」と言われる。その通りなのだが、この言葉を信用しすぎるのも「短絡的な考え方だ」と言わざるを得ない。とくに、日足や週足では、よく見ていると株価の足跡はウソがつけないようにできている。もっともリスクの少ない株の仕込み場面は「底値買い」である。その典型的なシグナルが「V字底」だ。

左ページに紹介した『薬王堂ホールディングス（7679）』のチャートを見ると、しばらく不人気の銘柄であったが、突然の人気化で出来高を伴って急騰。ところが、ある程度の高値まできると大陰線が出現して、株価は急落。ここからV字型に上げている。

しかし、「上ヒゲ」が現れると、またもや下げて、再びV字型に上げているのがわかるはずだ。これから見ると、効率的な売買は「下げたあとの急反発で買い、上ヒゲや陰線が現れたところで利益確定する」と言える。くれぐれも深追いは禁物だ！

小型の銘柄では、似たような「V字底」の銘柄は多数あるが、それは長い間の下げ（株価調整）後の反発であり、素直についていってもリスクは少ない。

もし業績を伴った上げならば、下値持ち合いから〝棒上げ〟することが多い。

「V字底」からの急反発は買いチャンス！

薬王堂ホールディングス（7679）

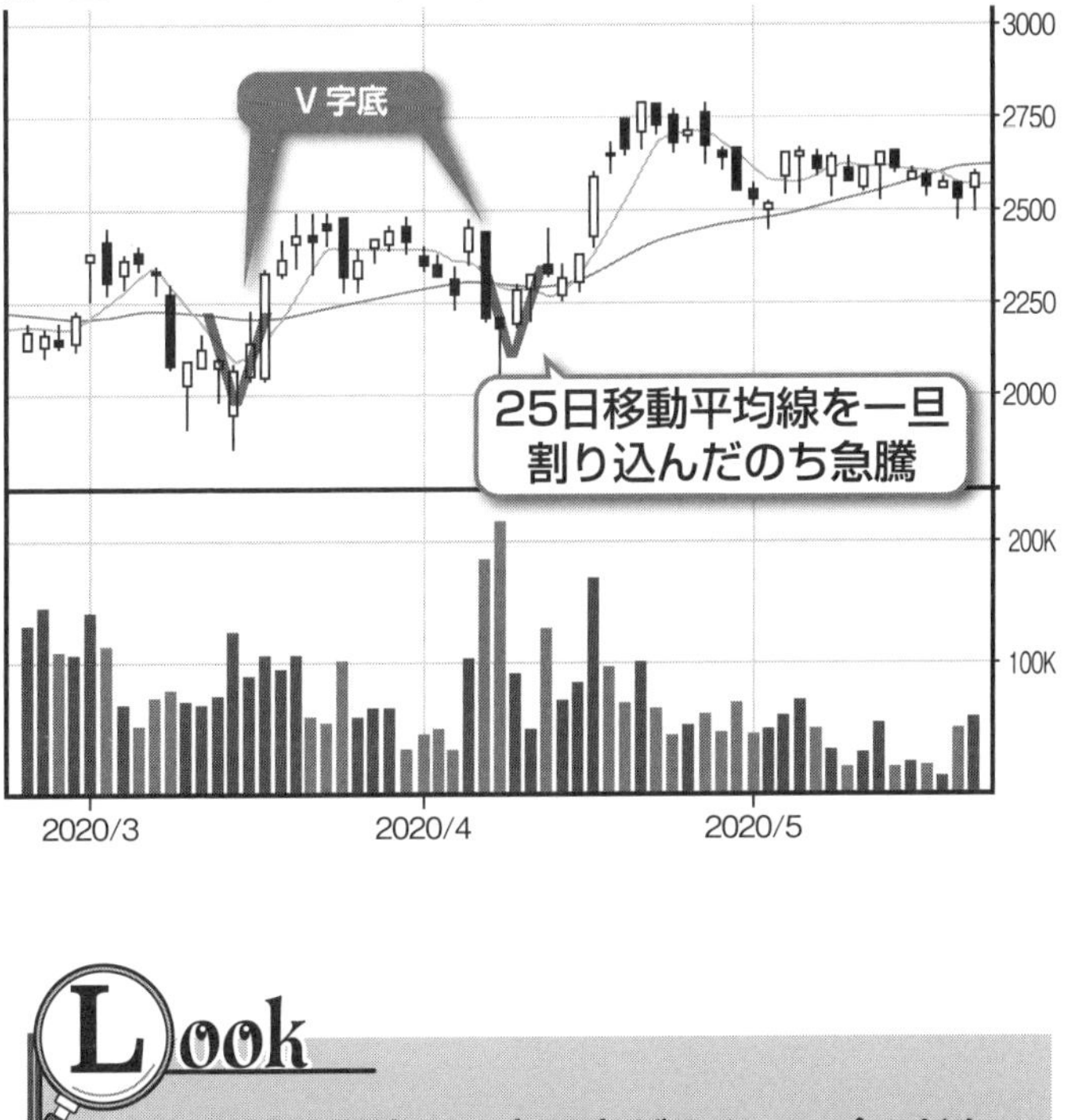

Look

小型株は底値から立ち上がると、スピードを増す。底値からの反発場面では買いを急げ！

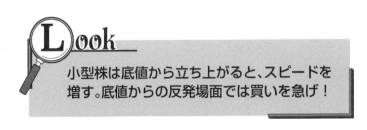

2 「ダブル底」から反発すれば買いで良し！

「ダブル底」からの反発は、中・大型株でも起こり得る動きだが、小型株では顕著に表れ、この形は目立つ。「V字底」と異なるのは、業績を伴ったものが多いことだ。

たとえば、左ページのチャートは『RS Technologies（3445）』のものである。半導体装置には必要不可欠な「シリコンウエハー」の再生加工を担う手堅い業種なので、底値のシグナルが現れたら買いで良し！

この銘柄は「ダブル底」からは、1000円程度の上げを演じている。つまり業績好転で株価が「ダブル底」をつけたものは、高値を取りにいきやすいことがわかる。

底値ならば、それまでの長い下げ過程があるわけで、売り手が売り切って〝株価が枯れる〟という需給関係にあることにも注目したい。

株価が上がるためには、買いに対して売りが少ない（買い優勢）という状況が前提だ。「ダブル底」をつけた銘柄は、売りが少なくなったあとに大きく上げてくるが、そのためには「業績好転・長期の下げの終わり」「上昇波動への転換」の2つの条件が最低必要になる。この2つの条件を備えていないと株価の上げにはつながりにくい。

「ダブル底」からの反発は買い有利！

RS Technologies（3445）

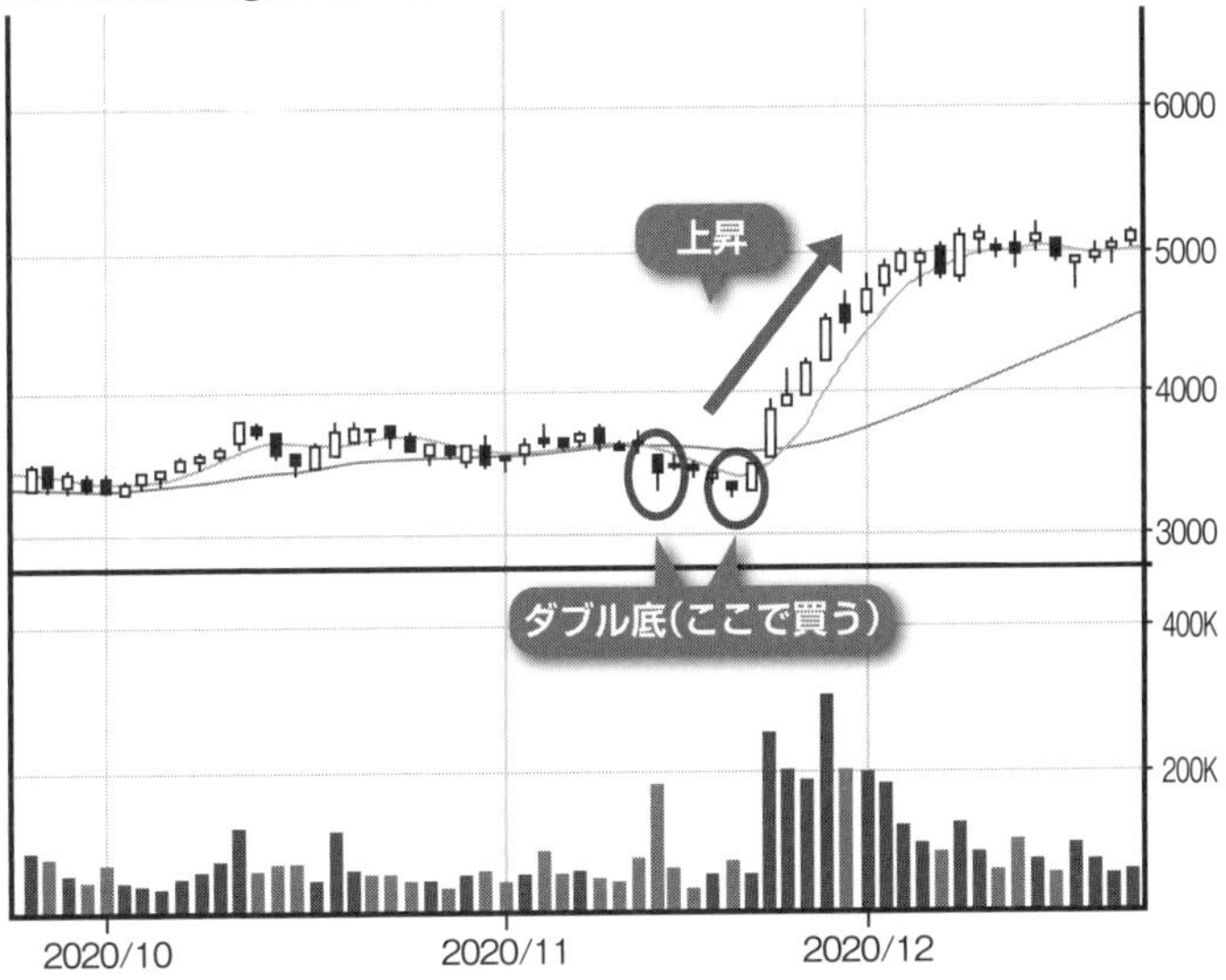

Look

小型株は反発の勢いが強いので、底値の確認時では、確実に株を集めておきたい！

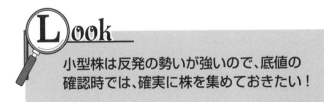

3 長期の持ち合いから反転すれば買い

小型株で一番多い上げの形に、長期にわたって狭いレンジでの株価変動を低水準で推移してきたあとで、株価が出来高を伴って上げていくタイプがある。

左ページに紹介した『芦森工業（３５２６）』の動きを見ると、極めて長期の持ち合いから突然に出来高を伴って上昇しているのがわかるだろう。

これらの銘柄の動きの特徴は、上げの初期段階では出来高を伴わないものと、上げの最初から出来高が増えているものに分かれる。

出来高を伴わないで上げているのは、仕手筋が絡んでいる可能性が高い。つまり「仕手筋の〝玉集め〟がひそかに成功しているのではないか」と推測できる。

仕手筋は長期にわたって下値の玉を静かに集めるが、急騰場面では仕上げに入る。この段階で乗る投資家が意外に多いのだが……細心の注意が必要だ。

このような銘柄の仕掛け時は、出来高が増え始めた初期段階である。乗り遅れては、まず成功はあり得ないことを肝に銘じておいてほしい。

長期の持ち合い後の上げは急だ！

芦森工業（3525）

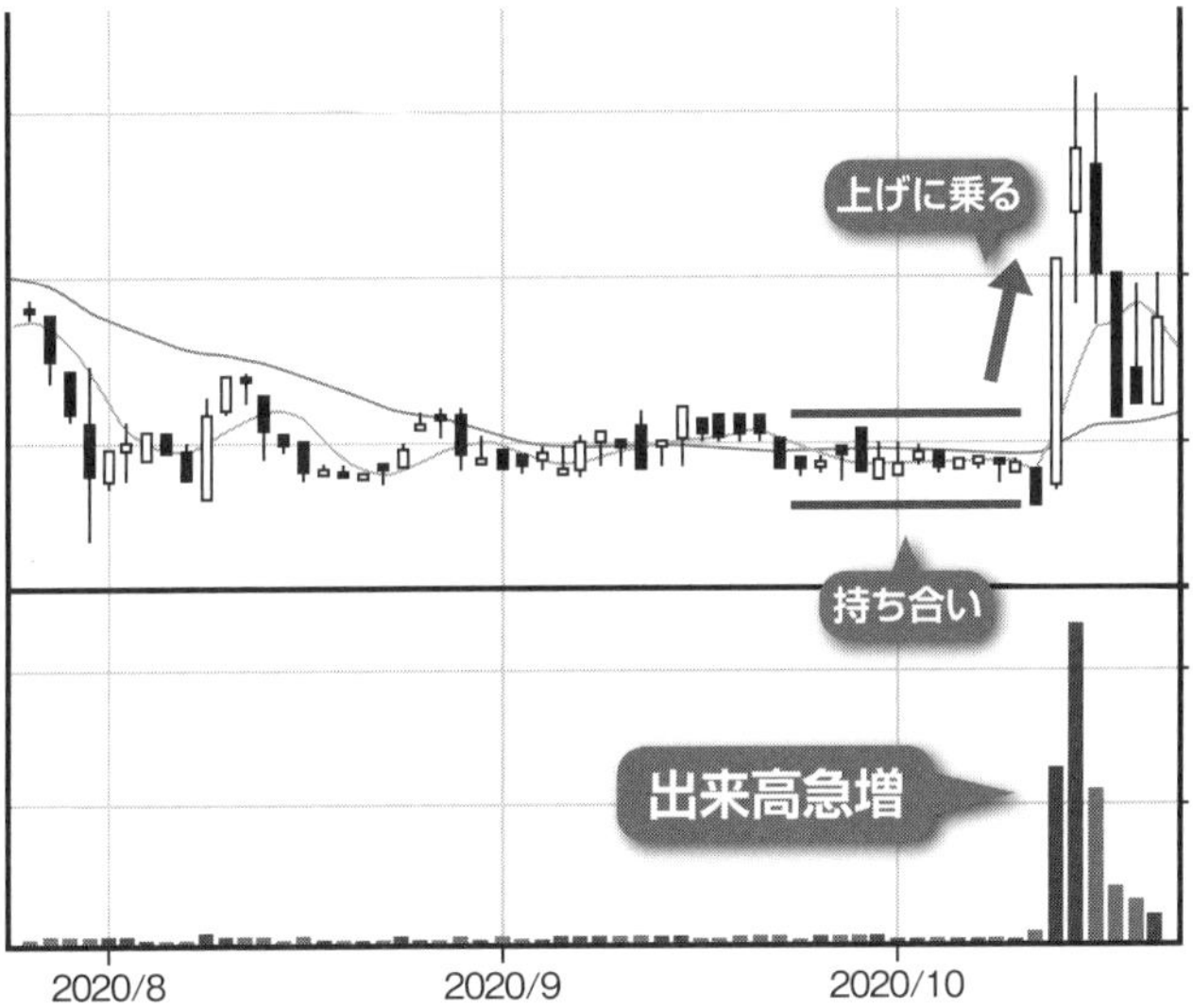

Look

長期の持ち合いのあとに、材料が出たり、
仕手筋の仕掛けの噂が出たときは注目！

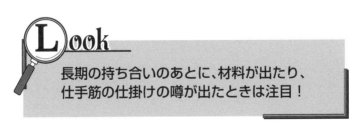

4 初期の「窓開け」の急騰ならば飛び乗れ！

小型株は流通している発行株数が少ないために、少しの買いでも急騰することがある。結果、陽線のローソク足が窓を開けて急騰するケースも多い。

たとえば、左ページの『ブルドックソース（２８０４）』を見てほしい。言わずとしれたソース最大手で、外資系ファンドの敵対的ＴＯＢを切り抜け、中国や関西地方にも販路を拡大。２０２１年１月、ついに東証一部への昇格が発表され、「窓開け」の急騰を演じている。

これらの株価の動きを見ると、「窓開け」は株価急騰の初期にある。

ということは、「窓開け」の時点は「買いのチャンス」と言える。いずれ〝窓埋め〟のための調整があるのが一般的だが、初期の「窓開け」は株価上昇に勢いがあり、出来高も増えていくので、そのあと急落する可能性は比較的少ない（例外もある）。しばらくは、エネルギーを貯めながら上値を追っていく傾向が強くなる。このトレンドを上手く活用するためには、「早乗り・早降り」を行う短期勝負に徹することだ。急騰株に上手く乗れれば、ＧＯＯＤ！

ただし、反転・下落の可能性も否めないので、欲張りは禁物だ。この手の動きの銘柄で失敗するのは「理由なき高望み」をするからにほかならない。

勢いのある「窓開け」の急騰は？

ブルドックソース（2804）

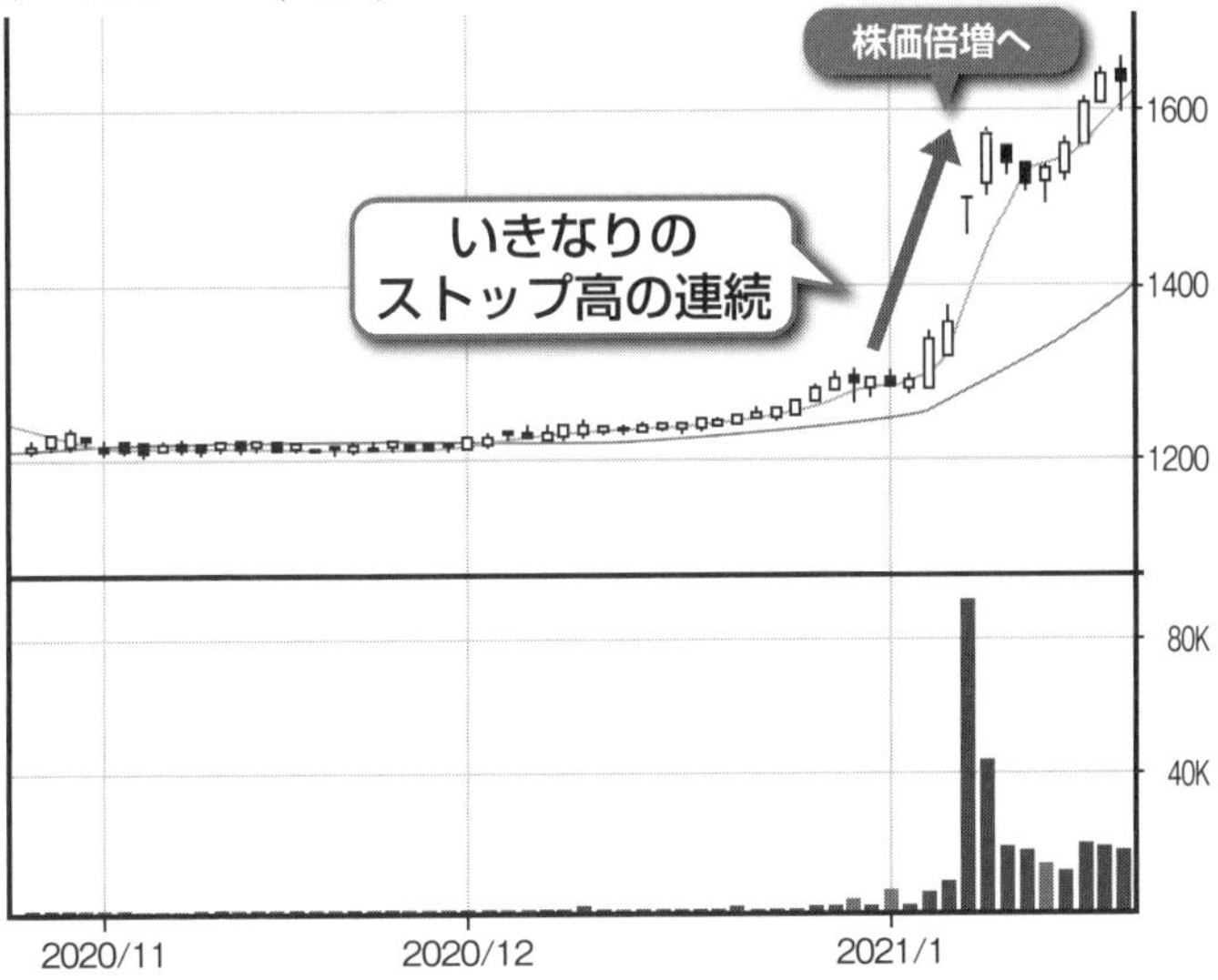

Look

小型株の「窓開け」では、一挙に高騰して
当面の天井をつけることが多い！

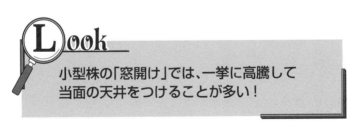

5 「下ヒゲ」をつけての上昇ならば即買い

「下ヒゲは、売りの終わり」――。

換言すれば、「買いの始め」を意味するので、「株価反転の可能性が極めて高いシグナルである」と言えるだろう。投げの売りが強くて下げたものの、値頃の買いが入り、株価が押し戻されたというもので、買いの〝強さ〟を物語っている。ここは仕込むべき時である。

左ページに紹介した『平和不動産（８８０３）』は、東証を含む証券取引所設備の賃貸事業を手掛ける不動産会社で、チャートを見ると……典型的な「下ヒゲ」からの反発で、右肩上がりを演じているのがわかるだろう。これはまたとない仕掛けのチャンスのシグナルだ。

このシグナルのあとの株価は、急騰はしないが右肩上がりで上値を追っていく傾向が強い。最終的には急騰もあり得るが、時間を掛ければ、ほぼ完璧な形での利益確定が可能である。

「儲かる確率が極めて高い」と言えるだろう。

「下ヒゲ」をつけての反転上昇場面で仕込めば、騙しや情報操作による高値つかみは、まずあり得ない。儲からないで嘆いている個人投資家は、この方法でじっくり型の投資戦略を採ることを薦めたい。

「下ヒゲ」をつけての上昇で仕掛ける

平和不動産(8803)

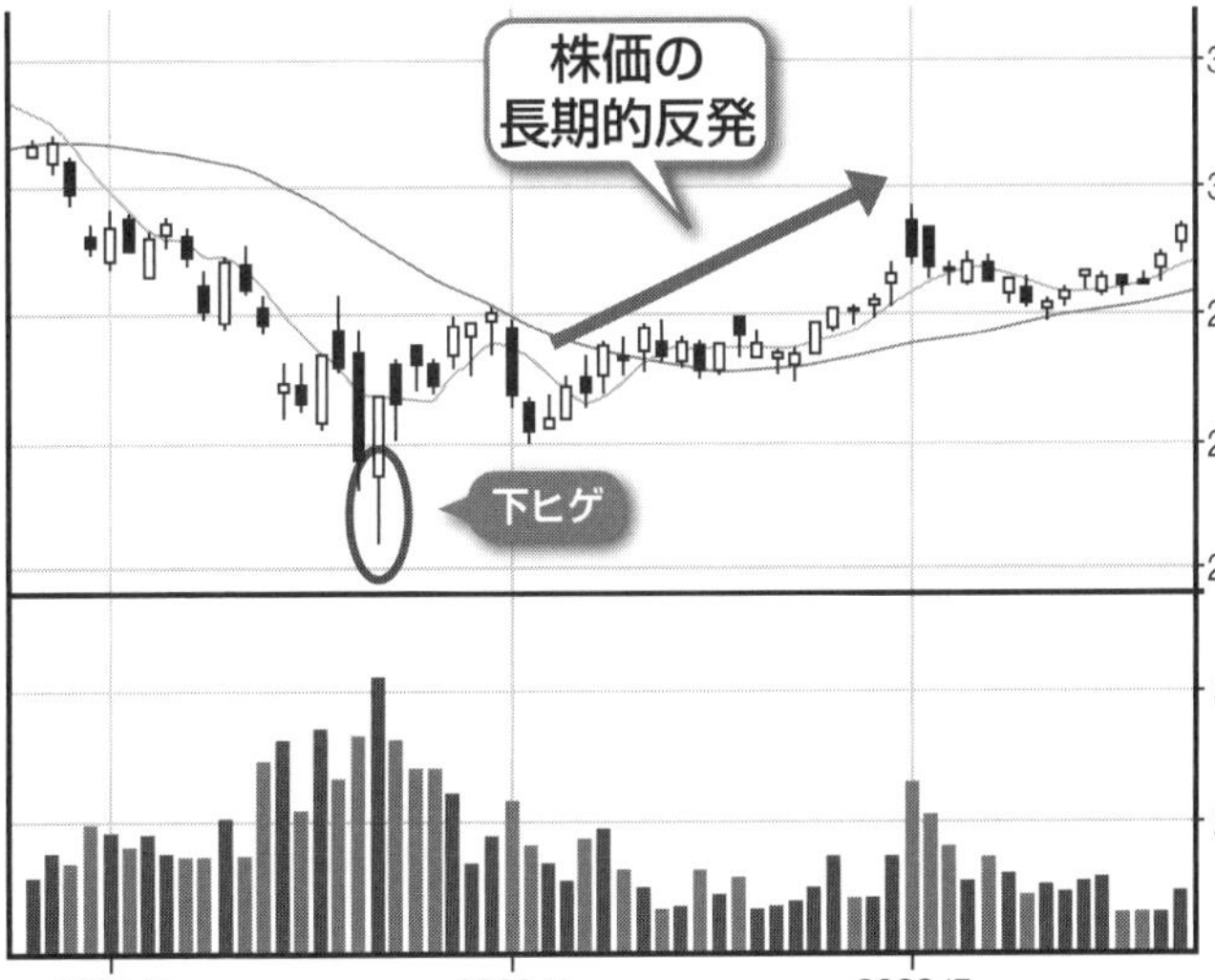

Look

小型株では「下ヒゲ」が出ると、
反転・上昇の可能性が極めて高い！

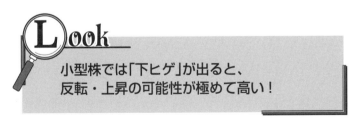

6 「ゴールデンクロス」からの反発は買い

アメリカ生まれのチャート理論に**「ゴールデンクロス」**がある。

これは日足で見た場合では、長期の25日移動平均線を短期の5日移動平均線と株価が上回ってきたときに出るシグナルで、株価が上げ基調に入ったことを示すものだ。

小型の銘柄は値動きが激しいので、急騰時には直ちにこのシグナルが現れる。

事実、株価の動きを見ると、そのあとでもまだまだ〝上値余地〟のあるものが多い。

ということは、「ゴールデンクロス」を確認してから、その銘柄を買っても「上値を取る余地が十分にある」と言えるだろう。

左ページの『いちよし証券（８６２４）』の日足でもわかるように、「ゴールデンクロス」のあとは、強烈な上げが待っている。じつに１・３倍以上の上げだ。魅力の多いシグナルである。

移動平均線で株価の傾向を見るのは大まかな見方だが、それでも上値のチャンスが予測できるのだから買いを入れてみても、**損することは比較的少ないだろう。**

基本的には、目先ではなく、中期での売買に活用したいシグナルである。ただ、「万能だ」とは言い難いので、株価が急変してきたら、素早い対応が求められる。

「ゴールデンクロス」を確認したら即買い

いちよし証券(8624)

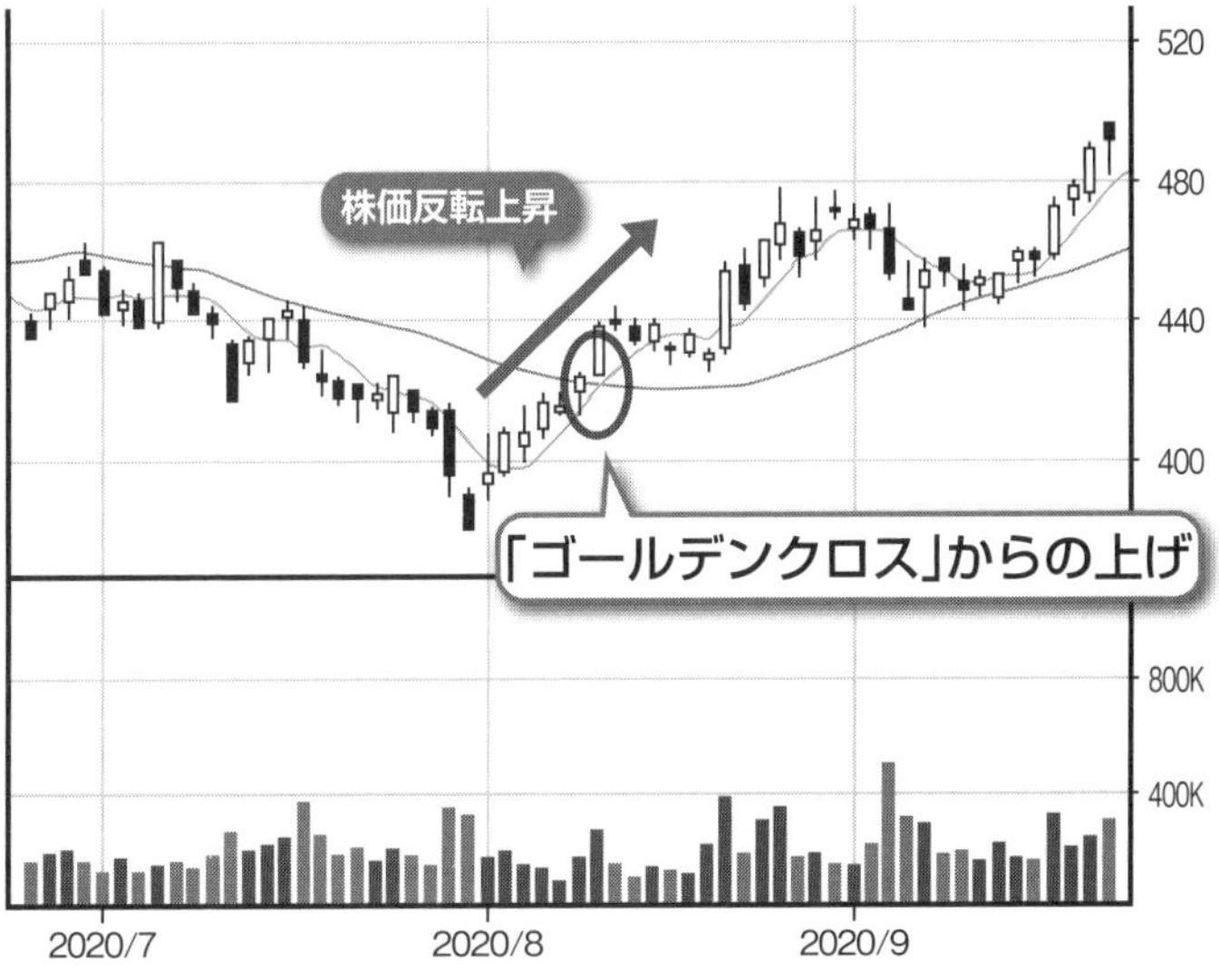

Look

短期移動平均線が長期移動平均線を目掛けて上に突き抜ける「ゴールデンクロス」は…… 買いシグナル!

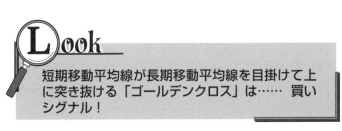

Column

【株の格言：その⑦】

「売りは早かれ、買いは遅かれ」

株の売買では、「売りは早めに! 買いはじっくりチャンスを待て！」ということ（もっとも、小型株はタイミング重視である）。

個人投資家の多くが、売りで失敗するのは、そもそも仕込みに原因がある。

換言すれば、高いところを買ったので、本来売るべきタイミングで利幅が取れていないのだ。そこで「もう少し上がったら……」という思いが強くなり、売ることを躊躇する。

安い値段での仕込みに成功すれば、利益は出るのだから、株価上昇の勢いが弱まったら、いつでも「売り逃げ」は可能である。その買いだが、株価の下落局面では「もう買える」と急ぎがちになるが、下値はあるものだ。

大切なことは、大底を確認し、上昇波動に入ったのを見極めることだ。その時点での押し目を買うのがベター。万が一、暴騰してしまえば、その株はあきらめるしかない。

株式投資で勝つには、買うときはじっくり銘柄を見て、買うに値する株価か否かを見極める。売るときは欲張らずにサッと売る。

これしかない！

事実、そのほうが儲かる可能性が高くなる。

売ったあとで値上がりして、「もう少し待っておけば良かった……」と悔やんでいる人もいるが、ときには割り切ることも大切だ。

8章

チャートで検証！
小型株の
「売り」シグナル

1 乖離拡大後に大陰線が出現したら即売り

小型の優良銘柄は、上げ始めると〝棒立ち〟状態になる可能性が高い。ただチャート上では、上げすぎは長期移動平均線との乖離の拡大になり、相場に過熱感が出てくる。

そうなれば、利益確定の意識が強くなるテクニカルの売りシグナルが点灯し、これが売り有利に働き、大幅に下げることになるわけだ。ローソク足では大陰線が続く。この時点では、下げの傾向が強くなるので、買いは引っ込んでしまう。間違いなく「売り時」と言える。

にもかかわらず、「そのうち戻すだろう」などと決断を躊躇していると、アッという間に株価は大幅に下落し、損が拡大してしまうことに……。

これを避けるには、乖離拡大後に大陰線が出た時点で、利益確定を急ぐか、損切りを決断しなければならない。この行動を怠れば、大幅なマイナスを抱え込んでしまう。

逆に、信用取引では乖離拡大からの下落は「売り建て」の絶好のチャンスだ。ただ、乖離是正後には、再び株価が反発することもあるので注意！

いずれにせよ、長期移動平均線との乖離が大きくなれば、売りのタイミングになるので、のんびりしていてはいけない。

乖離拡大後の相場から目を離すな！

澤藤電機（6901）

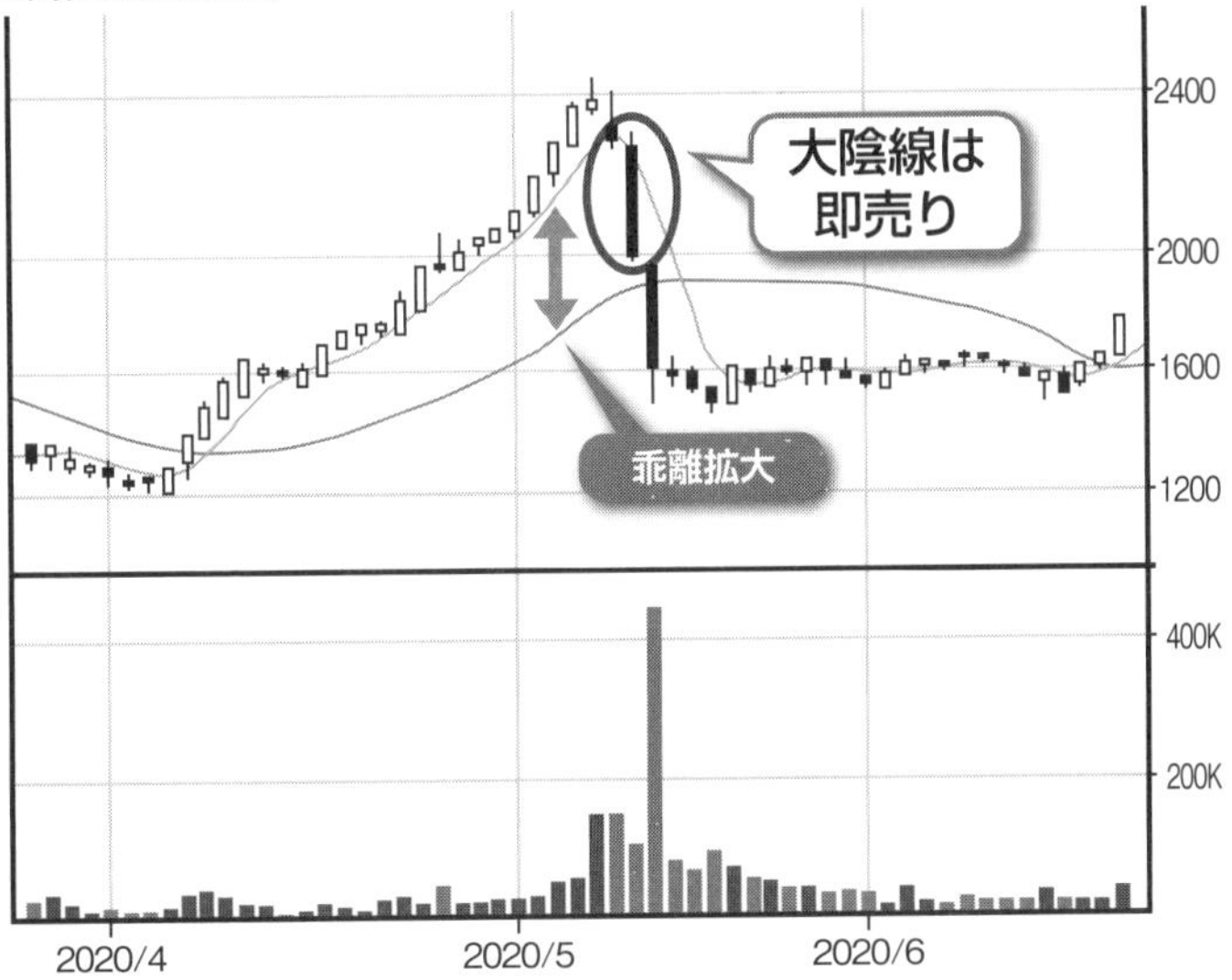

Look

長期移動平均線から乖離が大きくなっての
上げは、下げが近い〝予兆〟なので売りを急げ！

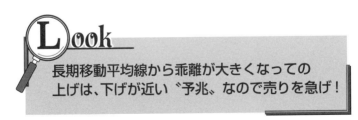

2 「上ヒゲ」をつけての下落ならば迷わず売り！

小型株は、上げ始めると急速に上げていき、思わぬ株価になることが多い。

一方で、〝逃げ足〟も速く、上値をつけたあとの下げはきつい。

左ページの『日本電波工業（６７７９）』のチャートを見ると、７５０円直前で「上ヒゲ」をつけたあとは下落に転じ、陰線ばかりが続いて、一気に下落している。

この銘柄では「上ヒゲ」が出たあとの陰線が売りシグナルになるので、持ち株は素早く処分しなければならない。くれぐれも様子見は禁物だ。

逆に、信用取引では売り有利のシグナルとなる。途中で陽線が出れば、売り方は迷う場面であるが、それもまずないので利益確定のための買い戻しのタイミングには困らない。

このように、小型株は天井をつけるのも早いが、下げるのも急なので目が離せない。だからこそ、信用売買の恰好の投資対象になるのだが……。

ただし、流れが上げ相場の局面では、当面の天井をつけ、調整場面を経たのちに再び上値を取りにくることがある。とくに、業績の良い銘柄はその可能性が高い。つまりまた買い場面がやってくるので機敏に仕掛けていく必要があるだろう。

「上ヒゲ」出現後の陰線は売りシグナル

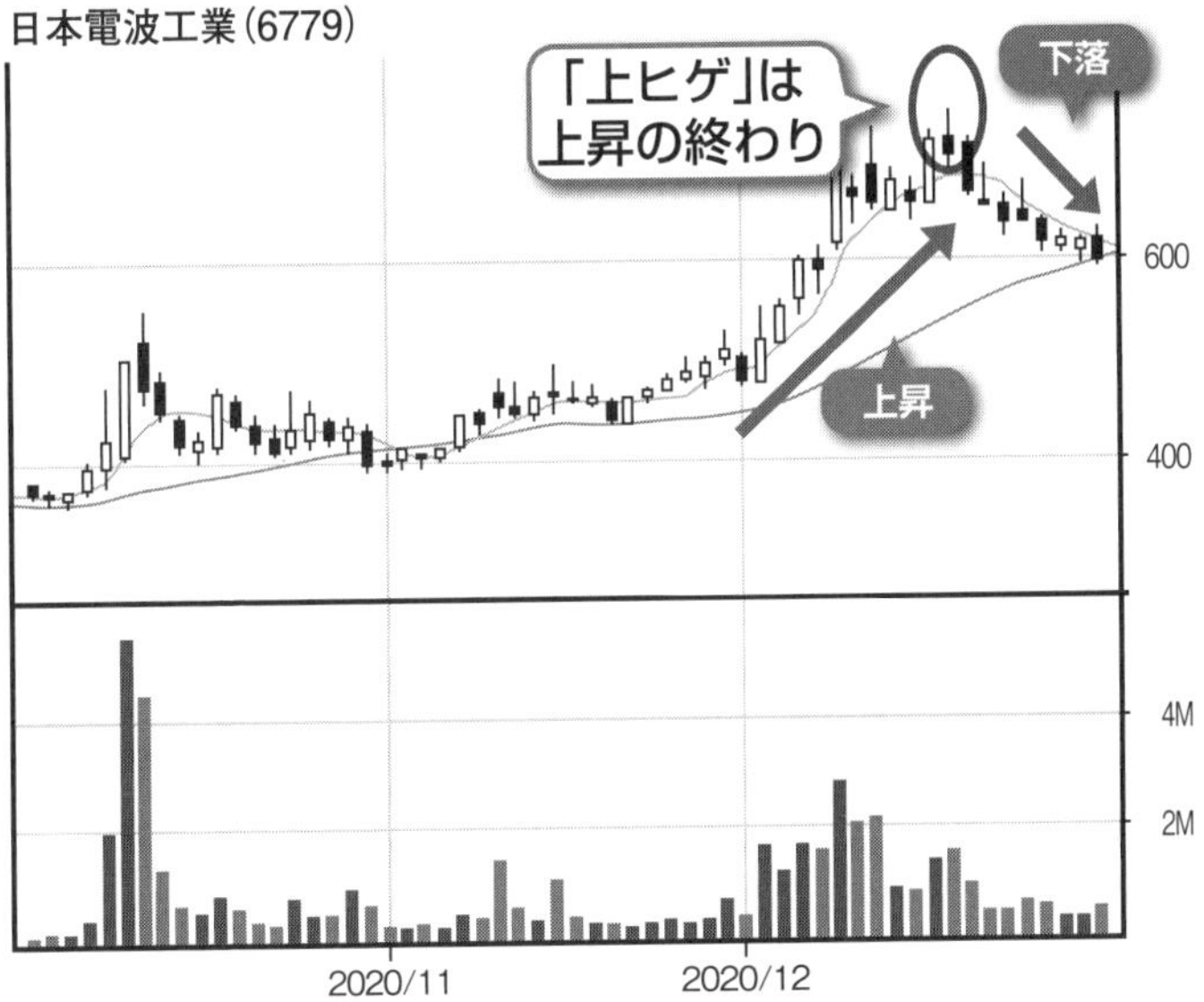

Look

天井圏での「上ヒゲ」は買いが少なく、
売りが多いことを示すので、急落のシグナル！

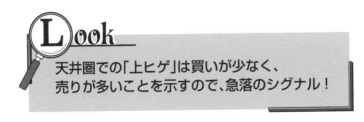

3 「ダブル天井」後の下落では待たずに売る

小型株の特徴として明らかなのは、中・大型株に多く見られる「ダブル天井」が比較的少ないことである。これは発行株数が少ないために、売り・買いが〝一方向〟に傾きやすいためである。とはいえ、「反発がもう一度あるだろう……」と待っているのは危険だ。

やはりここは売り場面である。

わずかに見られるのは、左ページの『文化シヤッター（５９３０）』のような「ダブル天井」を形成する銘柄だ。資本金が少なくても、このようなチャートも稀にある。

二部や新興市場の銘柄にも、こうしたシグナルが出ないわけではないが極めて少ない。たいていは、天井をつけるのは一度だけで、その後は下落する。

敢えてここで「ダブル天井」に言及するのは、中・大型株と小型株の動きは明らかに違うので、一般的なチャートの理論は、小型株に関してはあてはまらないケースもあるからだ。「ダブル天井」や「三尊天井」が比較的少ない――。

これが小型株の特徴であることを知るのも、「投資戦略面では重要なポイントになる」と心得ておこう。

「ダブル天井」は高値終了を意味する

文化シヤッター（5930）

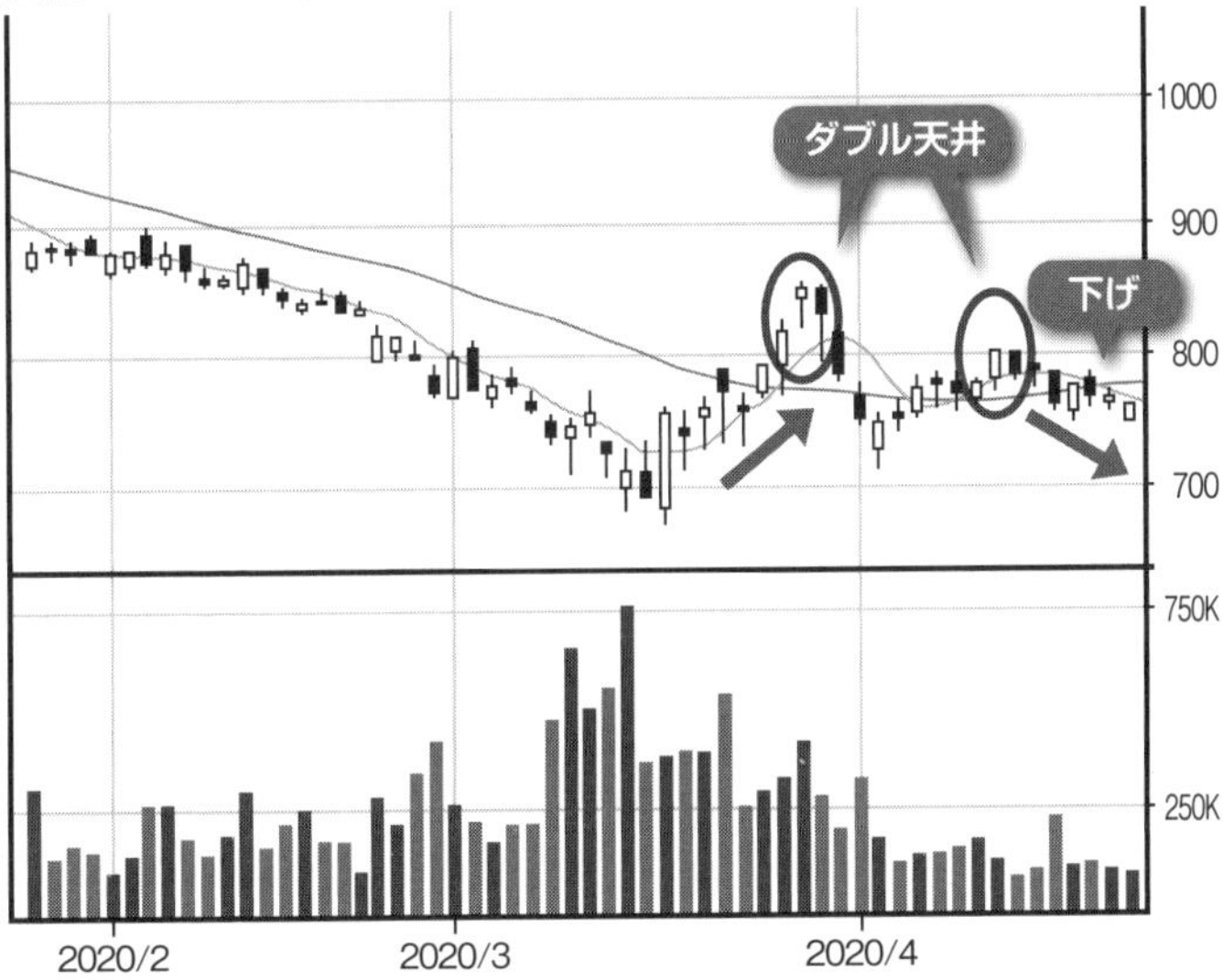

Look

小型株は売りに押されると〝逃げ足〟も速いので、売却を急ぐべし！

4 株価が移動平均線を鋭角に下回れば売り急げ！

小型株の値動きの特徴は2つある。上げるときに急騰が多いことと、下げるときは急落が多々見られることである。

左ページの『アルインコ（5933）』の下げ過程をチェックすると、天井からの急落が二度見られるのがわかるだろう。こういうケースでは素早く売り逃げるのが得策だ。

長い目で見れば、「株価の復活」も否めない。だが、それを待つのはあまりにも資金効率が悪いというもの。近い将来、反発して高値を取る〝保証〟はどこにもない。

そういうわけで、小型株の売買では、下げの局面では問答無用で「逃げ」が大切である。失敗している人の大半は「逃げ遅れ」なのだ。

「まだはもうなりの格言が、ピッタリあてはまるのが小型株の動きだ」と言えるだろう。

ただし、銘柄によっては、当面の底値に達した段階での急反発もあり得る。そこは絶好の買い場になるが、前の高値を超えるか否かは……誰にもわからない。

「下げ始めたら売る、上げ始めたら買う」――。

これを忠実に実践していくことが、したたかに、確実に、利益を手にする最善策だ。

移動平均線を急に下回るときは売り

Look

下げ局面で株価が移動平均線を
鋭角に下回れば、問答無用で売り逃げろ！

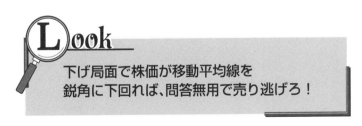

5 上値からの「窓開け」下落では即刻売り

欠点もあるが、目先で激しく動く小型株は、売買のタイミングが多いところが「長所」と言える。上げるときも「窓開け」、下げるときも「窓開け」——。

このような株価の動きをしがちなのが、小型株の動きの特徴である。

だから上げも明確で、ダイナミックだ。

逆に、下げでは〝恐怖〟がつきまとう。個人投資家にとってはドキドキの連続だろう。

相場師にはこたえられないだろうが、個人投資家は楽しんで売買するどころか、常に神経を張りめぐらせていることになる。この精神的疲労ははかりしれない……。

だから、先を信じないで目先の上げ下げで売買を繰り返すデイトレードが、個人投資家の間で盛んなのも頷ける。「リスク回避」という点では、賢明なことだ。

株価の一歩先は誰にもわからない。わからないから相場にもなるし、意外性も大きくなる。

それが小型株の魅力であり、恐ろしさでもあるのだ。

左ページのように「窓開け」の下げのシグナルが出たときに売りのタイミングをはずすと、大きな損失を抱え込むことになる。上値からの「窓開け」下落では即刻売りが鉄則だ！

窓を開けての下落は売りのタイミング！

明和産業（8103）

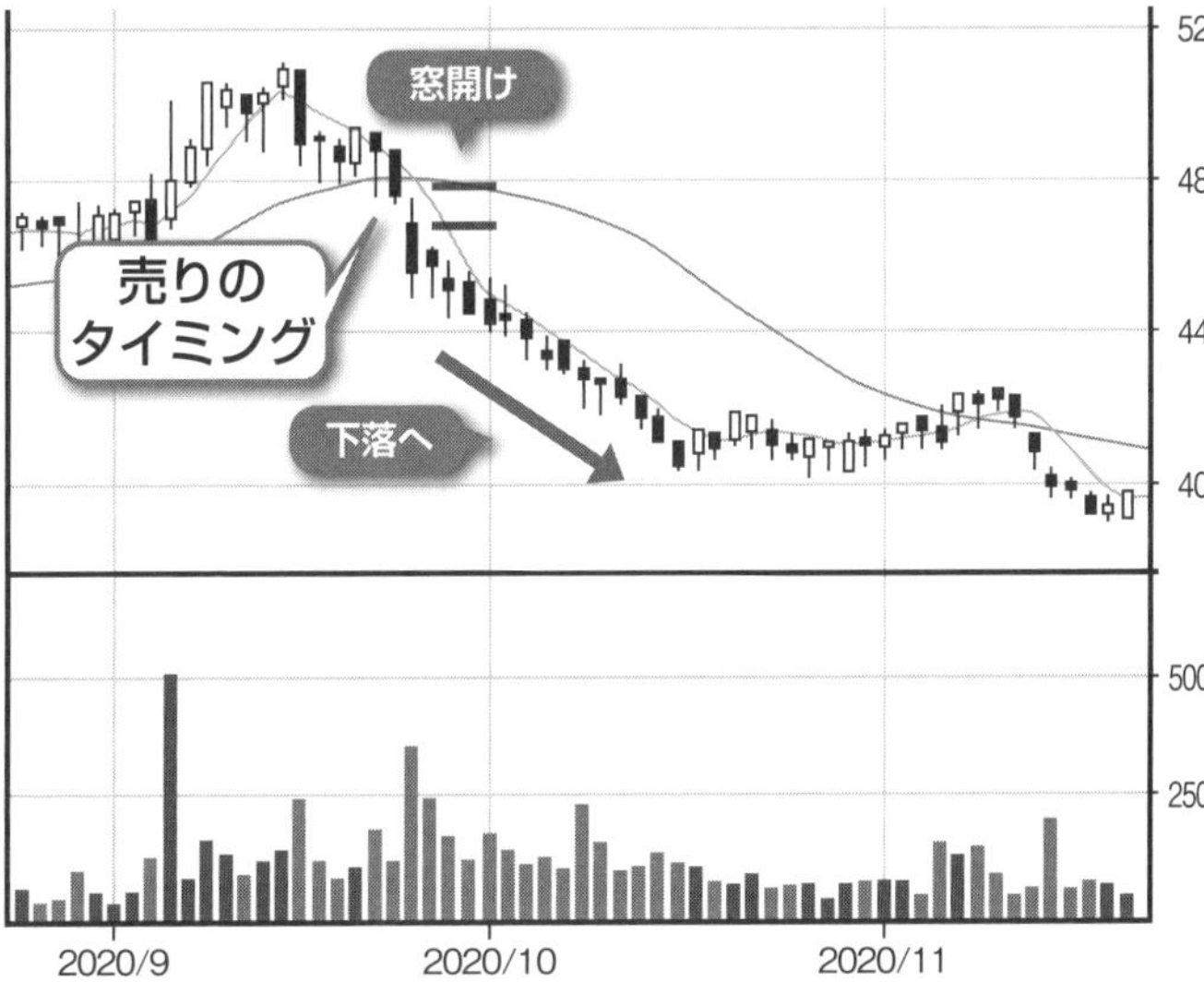

Look

下げの勢いが強く、買いが引っ込んだことがわかる場面。明確な売り場だ！

6 「デッドクロス」が出そうならば急いで売れ！

「ゴールデンクロス」が買いシグナルならば、「デッドクロス」は売りシグナルである。たとえば、日足では短期の5日移動平均線が中期の25日移動平均線を目掛けて下げ始めたときに現れるシグナルで、明らかな売りシグナルとなる。

どの銘柄でも株価には天井圏があり、そこから下落に転じる。当たり前だが、それが株の動きというものだ。「まだ上値があるに違いない」などと、淡い期待を抱いていると最悪の長期低迷場面に入り、半値、あるいはそれ以下になってしまうことが多い。そうなると持ち株は塩漬けとなり、資金が〝寝て〟しまう――これは最悪だ。

「デッドクロス」で上手く売り逃げるか、利益確定を行えば、大きな間違いはない。

株価が天井をつけ、長期の低落トレンドに入るときには、必ず「デッドクロス」が現れることをしっかりと覚えておいてほしい。

信用の売り決めでも、このチャートは大いに参考になるはずだ。このシグナルが出た時点で売りを行えば、反対売買期間を待たなくても、大幅な利益の確定が可能となる。是非、活用したい売りシグナルの1つだ。

「デッドクロス」の出現は売り逃げる

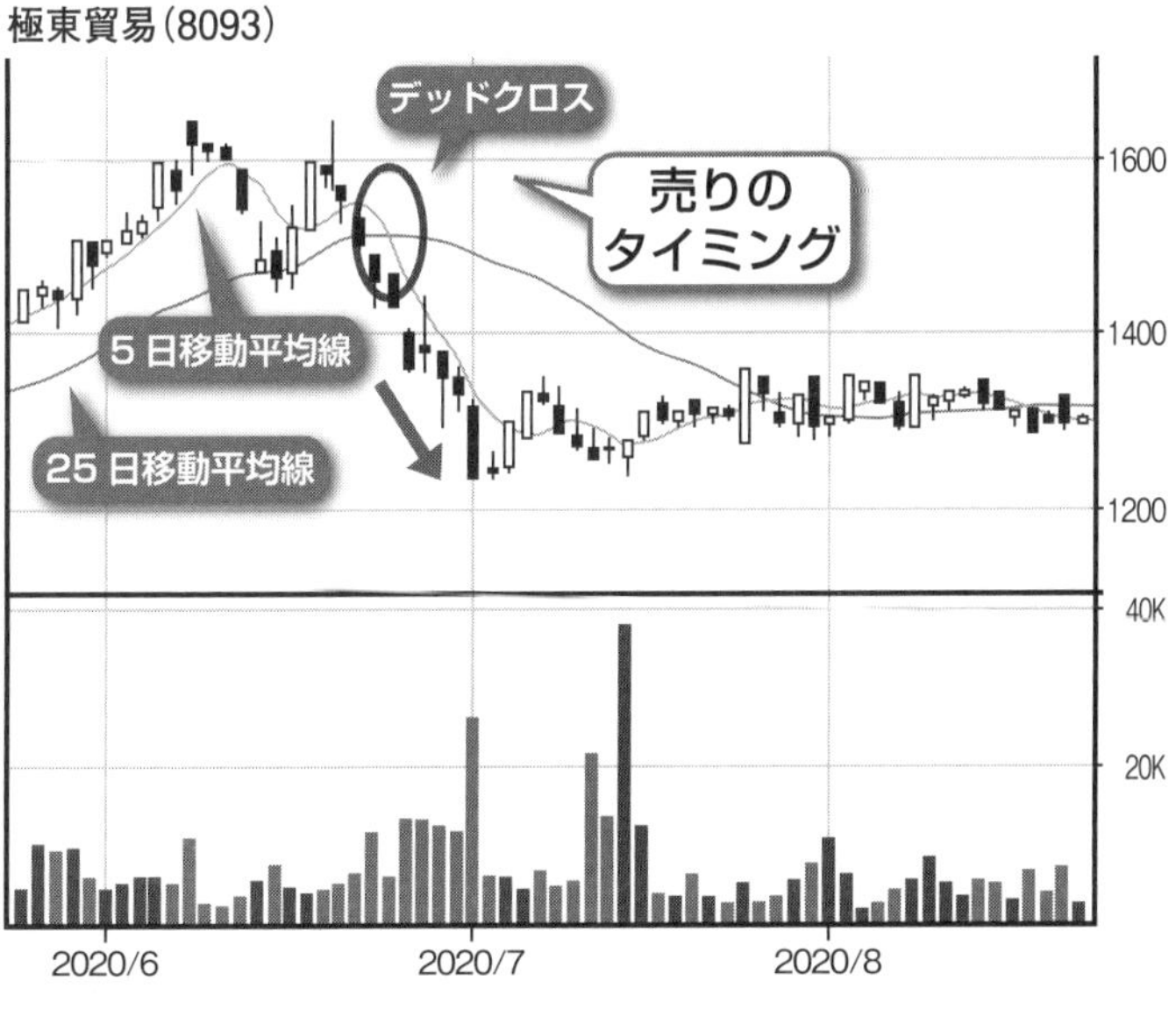

Look

「デッドクロス」は明確な売りシグナル。
みすみすタイミングを逃さないこと！

Column

【株の格言：その⑧】

「高値覚え、安値覚えは、損の元」

過去の高値や安値を忘れることができず、いつまでも「またくる」と待っていること。

あり得ない相場を待ち続けるのは現実的ではない。いくらなんでも、バブル時の高値を待つ人はいないだろうが……。

あの頃の市場感覚は、まさに異常だった。猫も杓子も「株は大儲けできる」と信じて、すさまじい勢いで株式市場にお金が流れた。ほとんどの銘柄が過去の高値を更新した。

結果は……暴落して、ジ・エンド。

高値で買った株が下落して、当面の回復の見込みもないのに「買値に戻るまで売らない」などと決断を躊躇していると、その間に株価はどんどん下がってしまうことが多い。

株価は自分の思惑通りには、まず動かない。

「相場は相場に聞く」のが鉄則だ!

株価が下がるのには、必ずなにかしらの要因がある。にもかかわらず、その要因を無視する個人投資家が多いから困りものだ。

過去の高値を期待するのが「高値覚え」。

過去の安値を期待するのが「安値覚え」。

「過去は、過去」――。

このようにスパッと割り切る潔さが、株式投資では大切だ。

9章

小型株をさらに上手く売買するために

1 トレンドラインを活かして株価を読む

株価の動きには「上昇」「下落」「横這い」を繰り返しながらも、ある一定の値幅のなかで動くトレンドラインがあることに注目してほしい。

株価の一方向の動きは、天井か底値、あるいはトレンド離れが訪れるまで続くので、その間は上昇局面では「持ち株は持続」、下降局面では「素早く売る」ことになる。

ただし、このトレンドラインにもおのずと限界がある。その〝終局〟を見極めていかないと、せっかくの売り時・買い時をみすみす逃してしまうことになってしまう。

そこで、天井圏や底値圏での株価の行方を判断することが肝要だ。そのためには、株価チャートをしっかりと読んでいかなければならない。

トレンドラインには、おおむね「上昇」「下落」「横這い」の3パターンしかないわけで、そのあとの動きをイチ早くチャートで予測することが、株式投資で失敗しない大切なスキルだ。

このトレンドラインは、月足・週足・日足のいずれにもあるわけで、それぞれの場面で、その傾向をきちんと読み取ることが重要になってくる。

投資する銘柄のトレンドラインを見極める勉強を怠らずに行ってもらいたい。

トレンドの方向性を見極める

前田工繊(7821)

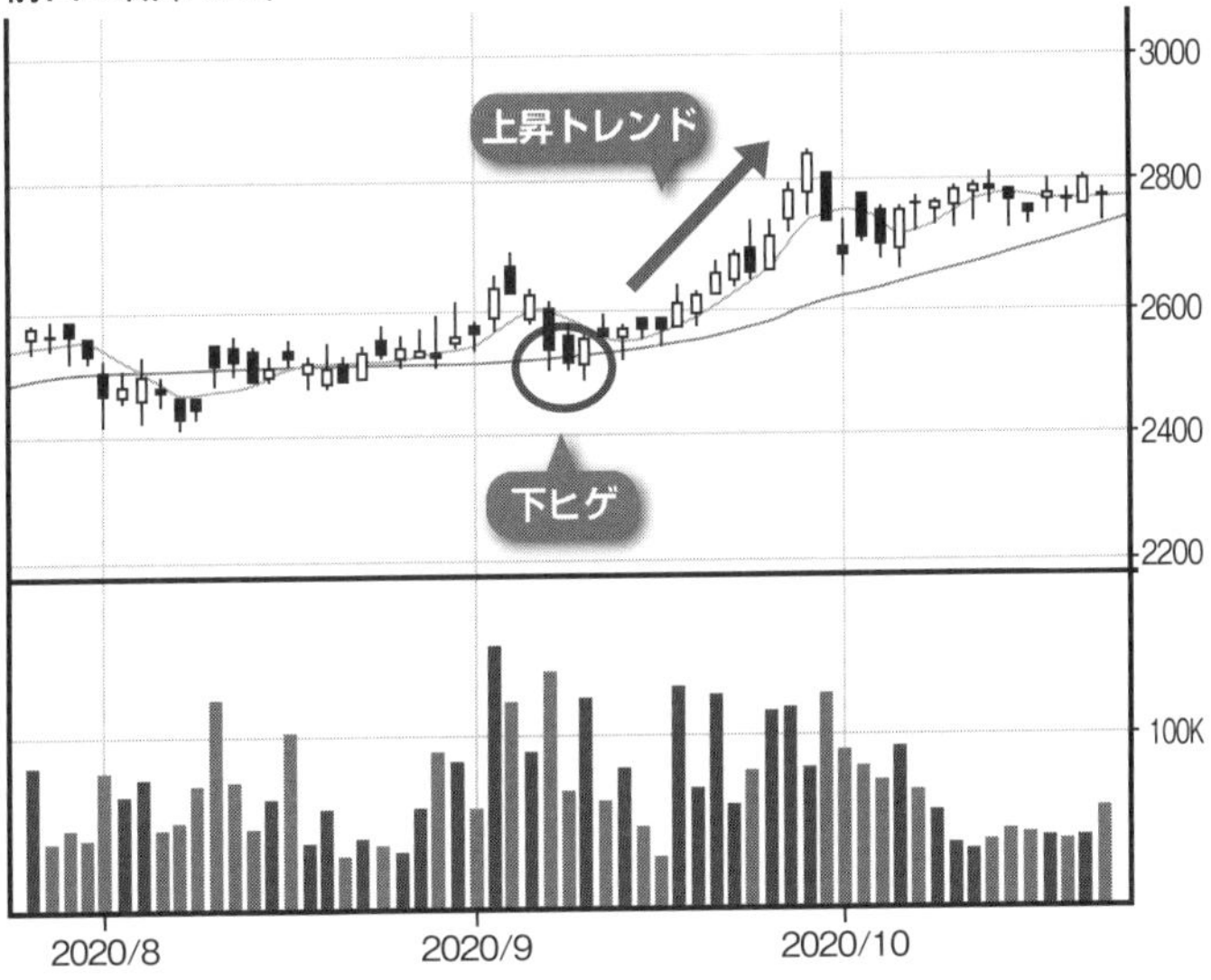

Look

株価の大勢がどちらに向いているかを見て、
今後の動きを予測しなければならない!

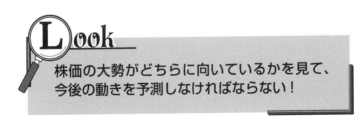

2 「抵抗線」と「支持線」の読み方

株価の動きの傾向には、「ここまできたら売り」という「上値抵抗線」と、「ここまで下がったら買い」という「下値支持線」の2つがあることを知っておかなければならない。

株価は「上がっているか、下がっているか」だけではなく、持ち合いという形で、ある範囲で株価が落ち着いているときがある。このような株価の動きのなかでは、ある銘柄になにかの買い材料が出てくれば、「上値抵抗線」を抜けて株価は上がる。そこでその銘柄が一気に上値を取らずに一定の範囲で上下に変動すれば、今度はこれまでの「上値抵抗線」が「下値支持線」になる。そして、新たな「上値抵抗線」ができる。

このように、1つの〝リズム〟を持って動いている銘柄は、売買する立場からすれば、大変わかりやすく、失敗が少ない。ただ、この手の銘柄も、いつまでも同じような範囲での株価の変動を繰り返すわけではなく、その銘柄になにかしらの材料が出ると、株価が急騰、あるいは急落する動きに入るケースも否めない。

その点では、このような持ち合いでは、常に「次の段階では変わった動きになる」ということを知っておいてほしい。

2つのラインから株価の動向を探る

三井ハイテック(6966)

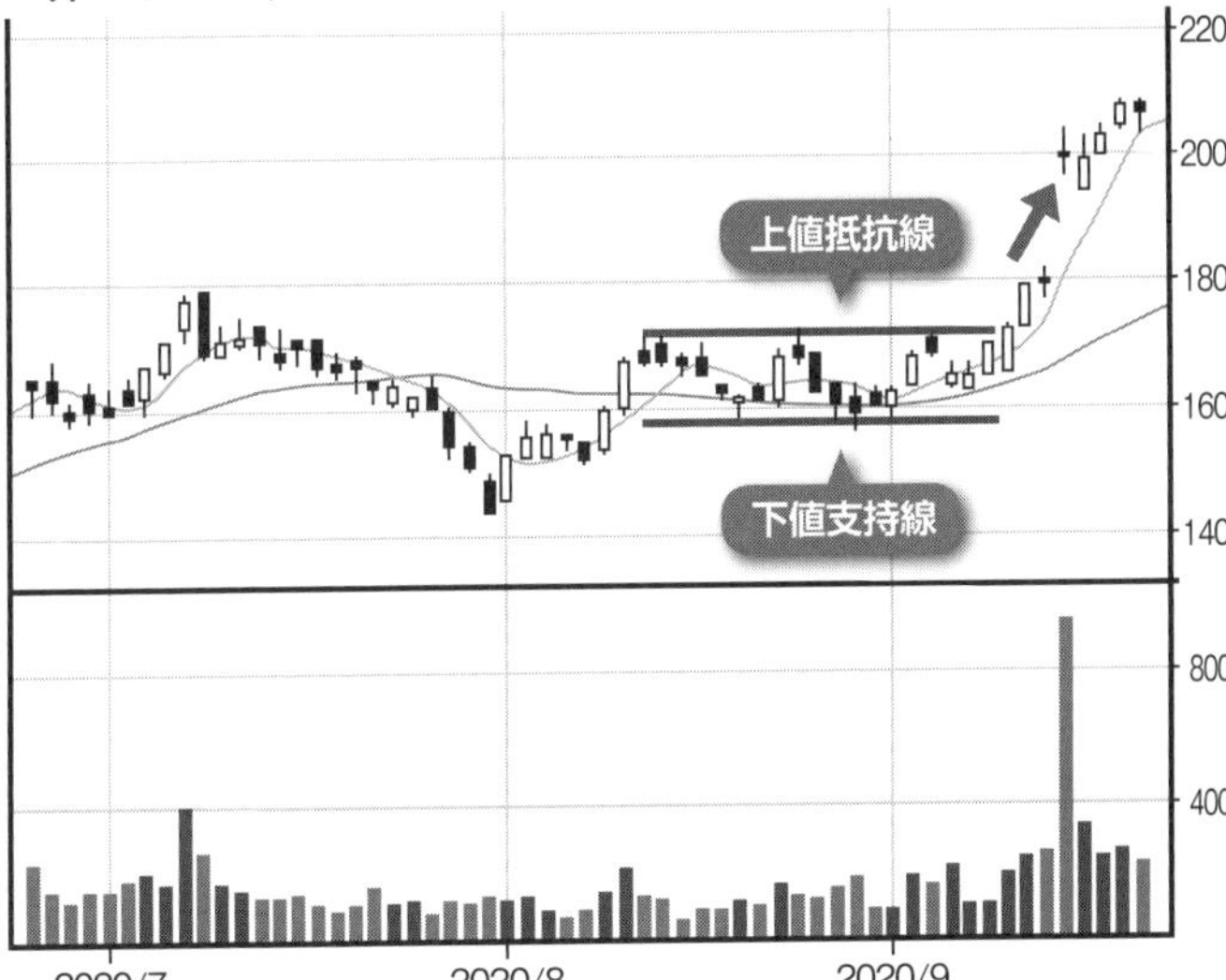

Look

持ち合いの株価では、上値の抵抗ライン・下値の支持ラインがあるので、注視せよ!

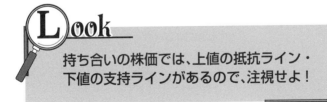

3 三角持ち合いからの株価の方向を見極める

あらゆる銘柄のチャートを検証していると、全体としては上昇も下落もしないが、三角形の形をしながら中段や天井圏での持ち合いをしているケースを目にする。

この持ち合いには、さまざまな三角の形（詳細は拙書：『株価チャート読み方の基本』参照）があるが、「自分の持ち株が、どれにあてはまる動きをしているか」「これが、なにを示すか」などといったことも心得ておくと安心だ。週足を見ながら、三角持ち合いの形を見つけて、その先の株価の方向性を見極めることができれば、利幅が取れるだろう。

業績の推移を見ながら、その銘柄の人気度を見定める。そして株価や出来高そのものの動きから次の一手を考えていくのが間違いのない投資スタンスである。

三角持ち合いのなかで〝上げ基調〟と読める典型例は、「上昇ペナント型（左ページ図参照）」のチャートの動きを形成するものである。これは株価の上昇・下落の幅が次第に小さくなっていく過程でエネルギーが蓄積され、最終的に株価が上昇に転じるものだ。そのときには明らかに出来高が多くなる。底値圏でこのようなチャートがあれば、２００円幅はラクに取れるだろう。

ただし、大陰線が出たら、素早く売って利益確定すべし！

三角持ち合い離れは要チェック！

ダイビル(8806)

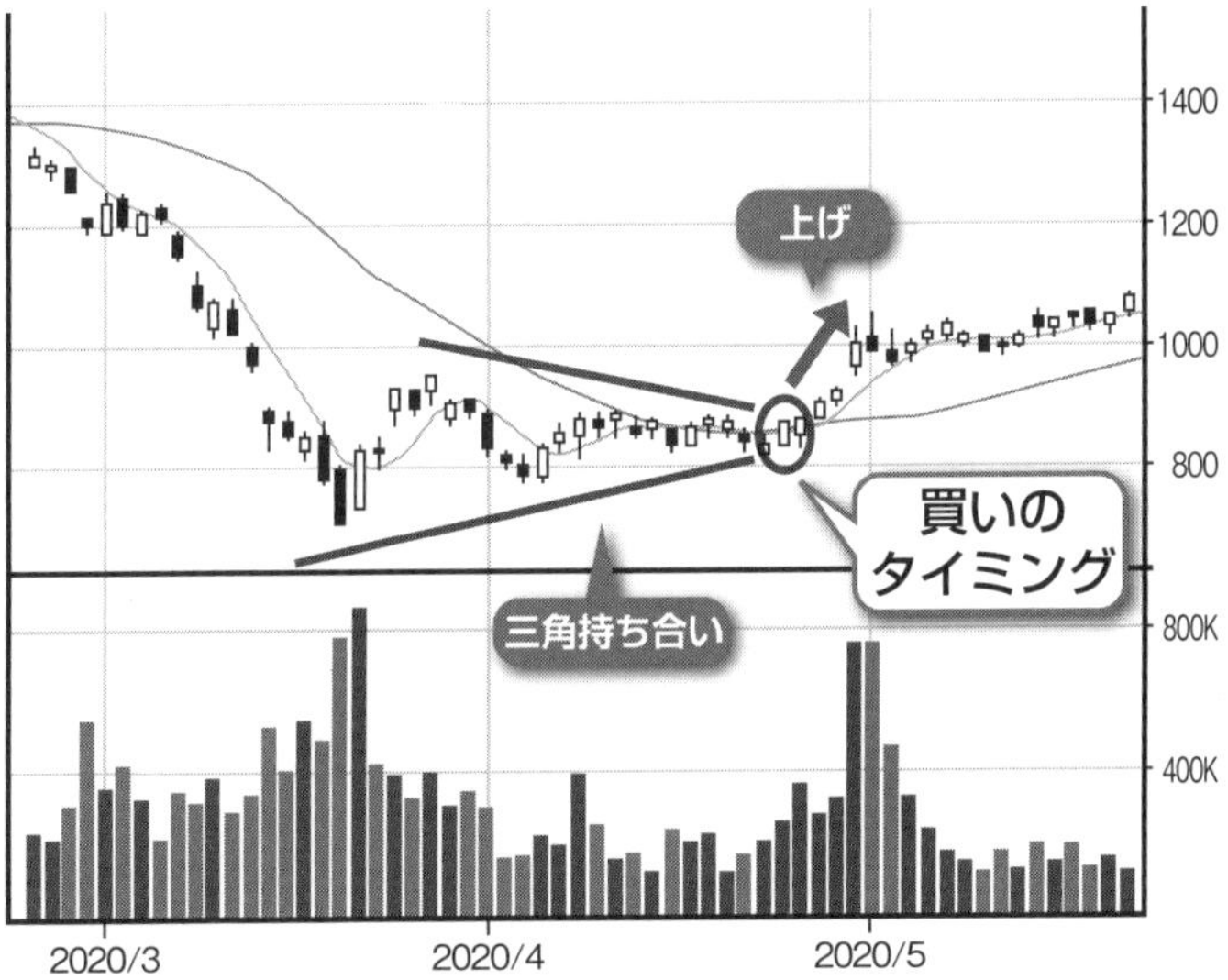

Look

三角持ち合いでは、煮詰まった段階で
株価がどちらに動くかを注視する！

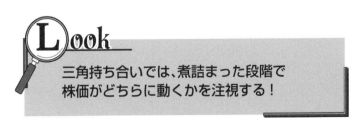

4 「寄引同事線」が出たあとの動きは注視せよ

まず、「寄引同事線」とは、株価に高値・安値はあっても、寄りつき値と引け値が同じものを指す。これは週足はもちろん、日足にも出てくる。迷いや転換点を表すもので、そのあとに出たローソク足が陽線か陰線かで、今後、株価が上昇するか下落するかが、ほぼわかるのが特徴だ。

このローソク足は、1つの銘柄のなかでも意外と多く出る。

「寄引同事線」が出たあとに陽線が出れば、そのあとは株価が上昇する。対して、陰線が出れば、株価は下落するのが、一般的だ。このシグナルは絶対に見逃さないようにしたい。

ローソク足の組み合わせは、確率の点では極めて高いものがあるが、このシグナルでの株価の上昇・下落は、高い確率で株価の転換点を示す。その意味では「活用のしがいがあるシグナル」と言えるだろう。小陽線や小陰線も、これに含まれる。

チャートは確率を表している。チャートの読み方を熟知していれば、「大ケガをすることは、まずない」とも言える。儲かるところでは確実に買えるし、危ない場面では売り逃げることが可能だからだ。ゆえに、チャートを〝あなどる〟なかれ！

「寄引同事線」の出現後はどうなる？

フィデアホールディングス(8713)

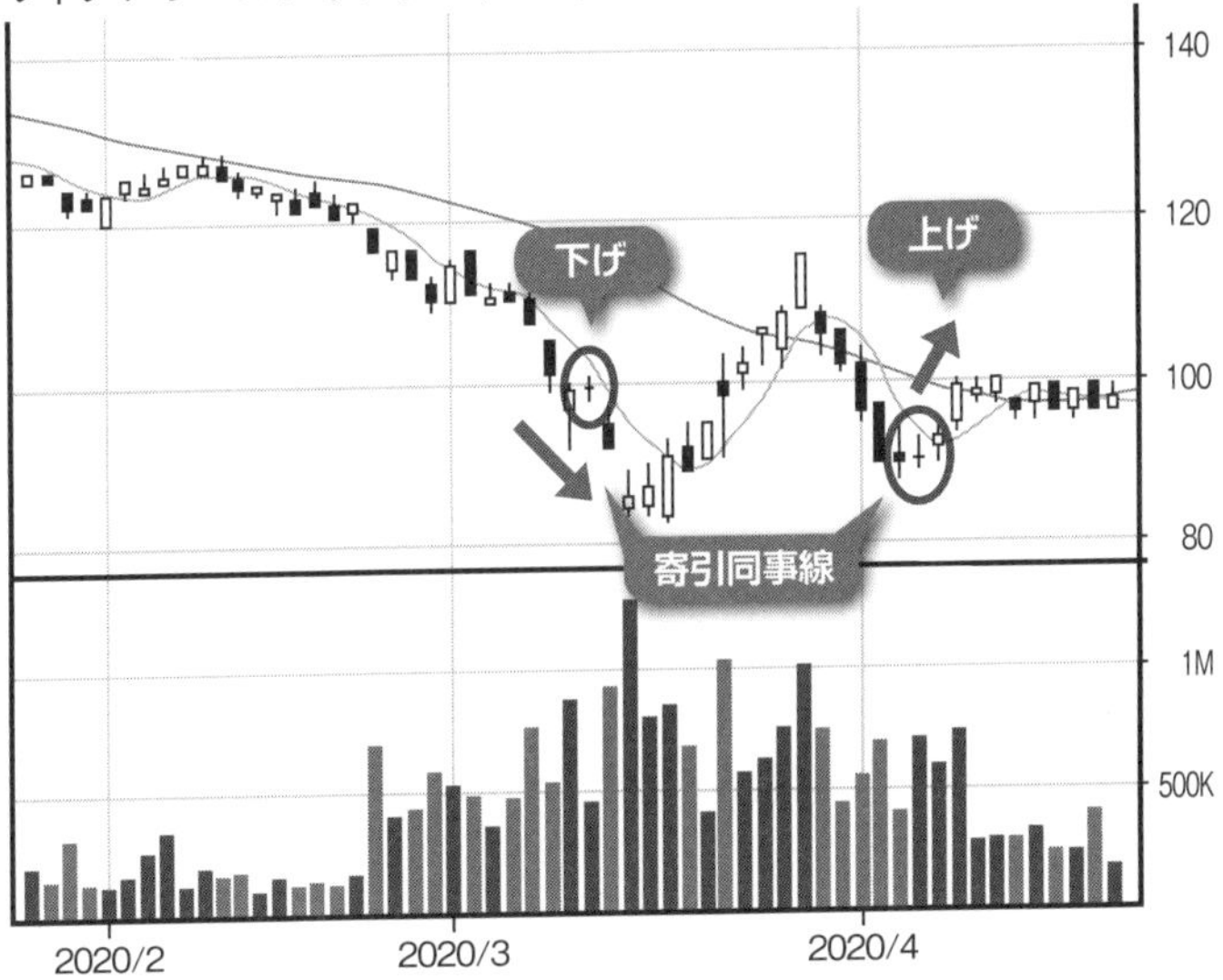

Look

株価の始めと終わりが同じということは、
売りと買いのバランスが拮抗している証拠！

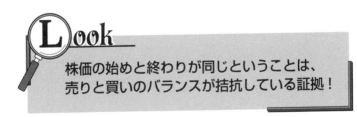

5 乖離が大きくなると株価は反転しやすい

株価は小型であれ、中・大型であれ、1つの方向に永遠に動くことはない。いわゆる「上げの青天井」というものもなく、倒産がなければ株価がゼロになることもない。

しかし、「株価は〝美人投票〟」と言われるように、良く見える銘柄に買いが集まりやすいものだ。つまり買いが買いを呼ぶのである。また、下げると「際限なく下がるのではないか」という不安が先に立って、売りが売りを呼ぶことになるわけだ。

このいきすぎが「上方乖離」「下方乖離」をチャート上で形成することとなる。

上げるときは、人気化して出来高も増えるので、陽線や「窓開け」をつくりながら勢いを増していく。なかでも、小型の銘柄は、そもそもの発行株数も少ないし、市場に出回っている「浮動株」も少ないので、ときにストップ高・ストップ安を演じやすい。

ここで注意しなければならないのは、「上方乖離」――つまり株価の上げすぎのあとには、急落の陰線が待っていることだ。これを見逃すと利益どころか、大きな含み損を抱えてしまう。

逆に、下げで移動平均線を大きく下回った場合では、際限なく下がるわけではないので割安感からの買いが入ってくる。

上方・下方の乖離は株価反転のシグナル

菱洋エレクトロ（8068）

Look

株価と移動平均線の関係を熟知して、上昇・下落のいきすぎを察知せよ！

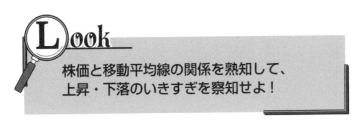

エピローグ

500万円を100億円にした小型株作戦

～小型株専門で大儲けした個人投資家
Aさんの投資スタンスに学ぶ～

私の知人である個人投資家のAさんは、元手資金500万円から、小型株専門で売買を何度も繰り返し、なんと資産100億円の株長者になりました。夢のような話ですが実話です。

本書の最後に、そのAさんの投資スタンスを紹介しましょう。是非、参考にしてください。

◆投資対象の銘柄は新興市場や小型株に絞り込む

——私の株売買のターゲットは、ハッキリ言って、新興市場や二部株・一部半の銘柄。つまり小型のものばかりです。市場に多くの資金が流れ込んできたときは、大きな資本金の銘柄でもたしかに動きますが、ひとたび閑散な相場になると大型の銘柄は、梃子でも動きません。

個人投資家が大型の銘柄に投資していたのでは、それこそ日が暮れてしまいます。いかに人気が集まっても、それは機関投資家や証券会社のディーラーが対象にするものです。もし個人投資家が乗せられれば、たちまち彼らの〝餌食〟となるに違いないでしょう。

だから私は、機関投資家などがまとまった買い・売りのやりにくい小型の銘柄に絞り込むと決めたのでした。となれば、相手は個人投資家がほとんどです。それならば、こちらにも勝算は間違いなくあるでしょう。

小型株は、発行株数が6000万株未満のものです。「浮動株」が少なければ、中・大型の銘柄であっても、小型株と同じような動きはしますが、「やりやすさ」から考えると、小型株のほうが明らかに良いです。

私はかつて『佐世保重工業』で大儲けをしましたが……同じ造船でも、『日立造船』『三井造船（三井E&Sホールディングス）』などを選んで投資していたならば、大儲けはできなかったことでしょう。

◆投資する企業は自分の目で徹底的に確かめる

――株は、人気化してから買ってもダメなのです。

私の投資スタンスの特徴は、投資する企業を直接見にいくこと。自分の目で徹底的に確かめて、「これならば潰れないだろう」というような銘柄を選んで買います。

以前に、『そごう』が潰れましたが、各駅停車のようにデパートをつくれば、潰れるのは当たり前です。誰が見てもわかります。お店に入ってみても、ろくなテナントが入っていない。ブランド品もない。すべてが購買層にマッチングしていない……。

私は、目立たない企業を選んで投資しましたが、少なくとも潰れるような企業を選ぶことはりませんでした。潰れるような企業に投資するのは、投資家としては〝不勉強〟なのです。

◆もっとも重視するポイントは経常利益

——株価は、その企業の経常利益が減ると予測されるときは、必ず下がります。しかし、それが一時的なもので、膿《うみ》を絞り出すためのものであれば心配することはありません。

大切なのは、「5カ年計画」というような企業の事業活動のなかで、その企業の未来がきちんと描けているか否かということなのです。

たとえば、最近はこれまで赤字や無配であった機械株が盛んに動いていますが、それは「IT革命」という政府の将来ビジョンにマッチするものだからです。

また、クリーンエネルギーやバイオなどの銘柄が物色されるのも、「日本経済のこれからをなんとかしなければ……」ということで、国の財政が大きく動くことが予測されるからなのです。

これからの公共事業は、道路・橋・鉄道といった類のものではありません。

私が大儲けしたときの21世紀の本命は、情報通信の整備銘柄でした。それが『古河電工』『住友電工』『日本板硝子』『フジクラ』などの光通信関連の銘柄はもとより、それに関する周辺銘柄が動いている要因になるのです。

ただし、敢えて『古河電工』『住友電工』『フジクラ』は買わないで、『沖電線』『三菱電線工業』『昭和電線ホールディングス』といった〝ダークホース〟を買うのが、株で大きく儲けるコツなのです。

ところが一般の個人投資家は、ダークホースには目もくれず、大型の銘柄を買います。私の持論としては、そんな大型の銘柄は、外国人や法人に任せておけば良いのです。

個人投資家は、明らかに今後良くなることが見込めるダークホース、つまり人気圏外の銘柄で稼ぐことを考えてほしいと思います。

事実、私が資産を100億円にすることができたのも、そのような藪にらみの発想があったからこそなのです。

◆ターゲットは将来の好業績が見込める銘柄

――「将来の好業績が見込める銘柄を買う」……。

私は徹底して、この持論を貫いています。ゆえに、今大きく動いている銘柄には乗りません。ババをつかまされる公算大だからです。そのような最悪の事態を招かないためにも、将来の好業績が見込める銘柄に狙いを絞るようにすべきだと考えます。

「100億円儲けたとはいっても、所詮はバブル時代だからね」

このようなイヤミを言われるのが嫌なので、

「投資スタンスさえ間違えなければ、必ず儲かる」――。

こうした意味も込めて力説しているのです。

いかにボロ株・2番手株・3番手株・出遅れ株といっても、小さいながらも魂の入った企業でないとダメなのです。なんでも良いから、不人気で、将来有望で、隠れた存在という要素だけで判断して投資対象にすべきではないと思います。

たとえば、「新エネルギー」というテーマは、政府から多額の予算が出るから、これは株式相場にとってはものすごいことなのです。

「国家がやる」ということは、何兆円の大金が動くわけですから……。

そのようなときには、『古河電工』『住友電工』も良いでしょうが、「関連会社は?」「二部では?」「新興市場の銘柄では?」などと連想してください。

さらには、「地方市場では?」まで連想できればOKです!

ひとえに「新エネルギー関連」といっても、大企業だけではなく、さまざまな中小規模の企業もかかわっているわけで、それらをしらみ潰しに探さないと、株で大きく自己資金を殖やすことは、到底叶いません。

投信やディラー・外国人・機関投資家がかかわっていない銘柄のなかには、そうした関連の銘柄がゴロゴロあります。悔しかったら、四季報を見てください。そして、実際にその企業に出向いてみるのです。

そうすると、企業の活気や将来の考え方がわかります。従業員と話をするのも良いかもしれません。そこまで徹底的に調査しながら〝砂のなかのダイヤモンド〟を見つけ出すのです。

◆「ROE（株主資本利益率）」をくまなくチェック！

——私はもともと銀行に勤めていたためか、その企業が、資本金、つまり株主が出した資金をどれだけ生きたお金として活用し、しっかりと利益を出しているかに注目しました。「ROE（株主資本利益率）」に気を配っていたのです。最近でこそ、この数値が重視されていますが、日本の企業は、あまりにも株主を無視している実情は否めません。

この数値は2桁が望ましいのですが……そんなのは、IT関連の成長企業くらいで、ほとんどは微々たるもの。それが配当にも如実に表れており、最近は絞られつつあります。

アメリカの企業は、配当の利回りだけでもメリットが結構あります。

対して、日本の企業は、株主に対する「高配当の意識がない」と言うか、株主をおろそかにしています。これでは本当に信頼できる企業とは言えません。

市場で騒がれる企業でも、配当や「ROE」は大したことがないわけで、ここに外国人売りの〝要因〟があるのです。そういうこともあって、私は、この数値は「企業の経営姿勢の具現化である」と捉えて、投資の判断材料にしています。

「どれが良いかな？」……このような安直な考えで投資判断をすべきではありません。

◆企業のトップの考え方を熟知する

――その企業が今後伸びるのか、それとも衰退するのかは、社長、つまりトップの資質によるところが大きいと思います。

たとえば、衰退する企業のトップの多くは数字のことは熟知していても、現場でどのようなひどい仕事が行われていたか、までは〝掌握〟できていません。ゆえに、トラブルが起こっても処理や対応を誤り、結果、世間的信用や取引先の信頼を失い、潰れていくのです。

『ソフトバンク』の孫正義氏は、インターネット時代を先取りし、スマートフォンで先行して世界的な大企業へと成長させました。

『日立』のトップは、「これからはモノづくりから、ソリューションの時代になる」と判断し、今、その方向に確実に進んでいます。将来は、果たしてどうなるのでしょうか。

このようにあれこれと考えていくことで、企業の将来は単に現状の数字だけではなく、今のトップが掲げる経営方針をたしかめ、付随して「なににいったい強いのか」をよく見るべきであることがわかるはずです。

企業の今後は、トップの資質や経営方針で大勢が決まります。私はそこに目をつけて、株式投資を行ってきました。これからもこの投資スタンスは貫きます。それが失敗を少なくし、株の含み益を得て、株数を大きく増やしていくことにつながると自負しているからです。

◆毎日の株価の足は自分で描く！

――株価の動きの細かな波動まで感じ取るには、手持ちの銘柄でも、これから買う銘柄でも、毎日の値動きを自分でグラフに記録するのが良いでしょう。ネットのチャートを見るのと、自分でつけるのとでは、実感が明らかに異なるからです（著者注・現在はここまでする必要はないだろう）。

私が描いているのは、始値・終値・高値・安値の4つの数値を使うローソク足ではありません。「毎日の株価の終値だけを記録する」といういたって単純なもの。

なぜ、このような簡単なものにしたのか――継続しなければ意味がないからです。

継続こそ、意味があるのです。たとえ終値だけという「折れ線グラフ」であっても、株価の動き、勢いは、ある程度はわかります。このようにして、継続的に〝足〟をきちんと追うことで、株価の動きの急変や傾向をつかむことができます。

あわてて売ったり、買ったりする人の多くは、これをきちんと行っていないから儲からないのです。なんとなく勢いや値動きはわかっても、足をつけていないから、イマイチ正確さに欠けるわけです。これでは大切なお金をせっかく投資しても、思うような成果はなかなか得られないでしょう。自己資金を確実に殖やしたいのであれば、「売り時・買い時」を的確に読み取るために足をつけるのが一番です。

お金を殖やすのですから、そのくらいの努力と労力は惜しむべきではありません。

私が、資産を最高で100億円にしたのも、このような隠れた日々の努力があったからです。

「努力は、お金を生む！」――。

安易な投資スタンスで殖やせるほど、株の世界は甘いものではありません。

◆デイトレードは基本的にはやらない主義

――私は、今流行りのデイトレードみたいな忙しい売買手法は手掛けていません。

インターネットの掲示板などを見ていると、
「850円で買って、900円で売った。大成功! またやるぞ」
などといったコメントが多数見受けられますが、じつは、私も儲からなかった時代には短期での売買を繰り返していました。ですが、それでは売買の回数ばかりが多くなり、儲けたり、損したりの連続でした。

結果的には、儲かるどころか、トータルでマイナスだったのです。

最近は、デイトレードで成功を収めている人は多いと聞きますが……。

私は、株は売買を優先しないで、「貯株」と言うのか。「安いときに買って、増やしていく」投資スタンスに徹しています。

もちろん、意外に早く利幅が取れた場合には、一旦、売って、また安い銘柄(経営内容は良いが不人気銘柄)を買い増ししました。そうすると、あるとき何十万株と買った銘柄が上がり始めて、総額で大変なキャピタルゲインを得たのです。それで、また不人気の銘柄を物色しました。なかでも、二部・新興市場・地方などの銘柄を買っていきました。あまりに買いすぎて、株主欄の上位に私の名前が載ってしまったことがあります。

「四季報に、私の名前がある」——特段、悪い気はしません。

ともあれ「短期でいくら」ではなく、「安い株を買い集める」「安い株を増やす」のが大きく儲けるコツです。この投資スタンスを徹底的に実践して、まさに〝雪だるま式〟に資産を殖やしていきました。ひとたび値上がりすると、そのメリットは大変なものでした。

◆証券マンは情報源としてだけ活用する

——私は、証券会社（ネット証券を除く）は7社ほど相手にしています。

なぜ、そんなに多くの証券会社を相手にするのでしょうか。

それはたくさんの情報が集まるし、各証券会社や証券マンによって銘柄に対する見方が違うからです。つまりクロスチェックするために好都合なのです。

株式投資を始めた当初は、1社さえ入るのが恐いくらいでした。

ところが、株でお金を殖やしていくうちに……「情報は〝ナマ〟でなければならない、できれば、しっかりと分析されたデータがほしい」という考えを持ち始めるようになったのです。

さらには、現地調査して、足で裏づけを取りました。

ここまでやると、「この企業ならば、大切なお金を投入するだけの価値がある」ということを実感としてつかみ取ることができるようになります。まさに確信できるのです。

個人投資家のなかには「どれを買えば良いのか」なんて、安直な考えを持っている人がいますが、そういう人が「株で大儲けした」といった話を聞いたことがありません。

そんなに簡単に儲かるのであれば、苦労はしない。

かつて「株は命がけ」というような意味合いの言葉を、株の勝負師である是川銀蔵氏が述べていました。

安直な考えで株式投資を手掛けるのであれば、やらないほうが賢明です。

私も、最初は大きく損をしました。その苦い経験からさまざまなことを学び、投資スタンスをガラリと変えたのです。

結果、驚くほどの成果を生み出したのです。

私が億単位のお金を動かすようになれば、どこの証券会社も寄ってきました。

証券会社はなにをやって儲けているかはご存じだと思いますが、投資の段階では、この点を忘れてしまっているのではないでしょうか。証券会社の業務には、ブローカー業務や上場の引請・債券発行業務・国債などの販売等があります。

個人投資家と関係があるのは、ブローカー業務で、収益を得る大黒柱。つまり株や投資信託の売買代行業務です。最近では、ネット取引が主流になっています。

証券会社は、投資家がどんどん売買を繰り返してくれることが重要なのです。証券会社の営業マンには「手数料を増やさなければ……」という思惑が強くあるので、売買を繰り返したいのです。それに乗ってはいけません。また、公募増資や新規上場などもあり、これが証券会社の営業マンの営業活動をおかしくしています。

たとえば、公募増資ではできるだけ高い株価で募集するために、株価を高くするための動きをそれとなく行います。

ということは、お客に買わせる必要が出てくるのです。そのためさまざまな材料を駆使して口説きにかかってきます。

新規上場では、できるだけ株価が高値をつけるように巧みな工作も内々で行います。これをしないと他社や外資に幹事証券の立場を奪われてしまうからです。

そのために、その銘柄が今後どのような株価の動きをするかにかかわらず、営業活動に力を入れています。

たとえば、「注目銘柄（私の注目銘柄とは意味が違う）」というような形で、お客に買いを熱心に薦めてきます。これは営業マンの個人的な考えや判断とは異なり、本部の指示に基づくものです。表現はどうであれ、事実はそうなります。

金融庁などが、このような行為に目を光らせてはいますが、「背に腹はかえられない」と言いますか、「儲けるためにお客（この場合には法人）を増やす」ために、営業マンは動かされます。その動きが悪いと、営業マンは会社から責められることになります。

したがって、個人投資家の投資成績は、あまり気にしません。要するに、儲かろうが、損しようが、どんどん売買してくれて手数料が増えれば、それで良いのです。ちょっと言いすぎかもしれませんが……。

いずれにせよ、証券会社の営業マンが熱心に薦める銘柄やレーティングで発表する「株価目標」よりも、自分で確信が持てる銘柄を探し出すことが肝要です。そのために証券会社や営業マンを上手く活用しましょう。

最後に、「株式投資は自己責任で行うものである」と肝に銘じておいてください。ゆえに、「この銘柄は今は大したことはないが……近い将来、間違いなく伸びる」という確信が持てる投資スタンスで仕込んでいく。それが小型株で大きく儲けるコツです。

【著者紹介】

小山 哲（こやま・さとし）

◎早稲田大学政治経済学部卒業後、新聞記者を経て独立し、投資アドバイザーとなる。株式や金融商品の運用に精通しており、ファンダメンタルズとテクニカル（チャート）分析を駆使した株価予測は超一級。丁寧でわかりやすい解説には定評があり、個人投資家の味方を自認する良心派。

◎主な著書に、『「会社四季報」で儲ける！』『株式投資 これができれば百発百中』『株で大儲けできる人損する人』『個人投資家のための株価チャート読み方の基本』『デイトレードは「５分足チャート」で完勝だ！』（いずれも小社刊）など多数。また、「石井勝利」のペンネームでオンライン株式セミナーを毎月開催。

カバーデザイン：菊池祐（ライラック）
本文レイアウト：米川恵

【改訂新版】個人投資家のための「小型株」で賢く儲ける方法

2021年 2月 28日　　第 1 刷発行

著　者――――小山 哲
発行者――――徳留 慶太郎
発行所――――株式会社すばる舎
〒170-0013 東京都豊島区東池袋3-9-7東池袋織本ビル
TEL　03-3981-8651（代表）
　　　03-3981-0767（営業部直通）
FAX　03-3981-4947
URL　http://www.subarusya.jp/

印　刷――――株式会社光邦

ISBN978-4-7991-0954-0